세계를 점령한
중독 경제학

吃货经济学
ISBN: 9787522321899

This is an authorized translation from the SIMPLIFIED CHINESE language edition entitled 『吃货经济学』 published by Beijing Times Bright China Books Co.,Ltd., through Anna-Mo Literary Agency, arrangement with EntersKorea Co., Ltd.

이 책의 한국어판 저작권은 ㈜엔터스코리아를 통한 중국 Beijing Times Bright China Books Co.,Ltd.와의 계약으로 ㈜다빈치하우스가 소유합니다.
저작권법에 의하여 한국 내에서 보호를 받는 저작물이므로 무단전재와 무단복제를 금합니다.

인류를 위기에 빠트린 중독의 쾌락

세계를 점령한 중독 경제학

쑤친 지음 | 김가경 옮김

이든서재

프롤로그

소박하고 단순한
식단으로 회귀하라!

 2019년 4월, 세계적으로 권위 있는 의학 학술지 《랜싯The Lancet》은 전 세계 195개국의 식습관이 사망률과 질병 부담에 미치는 영향을 분석한 대규모 연구 결과를 발표했다. 30년에 걸친 이 연구는 충격적인 결론을 도출했다. 전 세계적으로 매년 수천만 명이 잘못된 식습관으로 인해 목숨을 잃고 있으며, 그 주요 원인은 나트륨, 잡곡, 과일 섭취량의 불균형이었다.

 2017년 기준, 약 1,000만 명의 사망자 중 300만 명이 고나트륨 식단으로 인해, 또 다른 300만 명은 잡곡 섭취 부족으로 인해, 그리고 200만 명은 과일 섭취 부족으로 사망했다.

 나트륨 섭취의 대부분은 소금에서 비롯되므로, 요리할 때 소금 사용을 줄이는 것이 중요하다. 식재료를 구매할 때 나트륨 함량을 확인하고, 가공식품이나 패스트푸드, 절임 식품, 냉채 등의 고나트륨 음식을 피해야 한다. 또한, 조미료 대신 천연 재료를 활용하여 맛을 내는 방법을 고려할 수 있다. 예를 들면 표고버섯, 고수, 설탕, 식초, 양파 등을 이용하면 염분 섭취를 줄이면서도 충분한 감칠맛을 낼 수 있다.

매일 다양한 색상의 과일을 섭취하는 것도 중요하다. 이를 '무지개 과일'이라고 하며, 색상이 다채로울수록 영양소의 균형이 맞춰지고 더욱 풍부한 영양을 섭취할 수 있다. 《랜싯》은 하루 최소 두 가지 이상의 과일을 섭취할 것을 권장하고 있다. 과일 섭취는 식사 후 1시간이 가장 적절하며, 공복 상태에서는 피하는 것이 좋다. 또한, 당뇨병 환자는 수박, 사과, 키위처럼 당 함량이 비교적 낮은 과일을 선택하는 것이 바람직하다.

한국인들은 백미와 밀가루로 만든 음식을 선호하지만, 이러한 단순한 탄수화물 섭취는 건강에 좋지 않다. 따라서 잡곡, 곡물, 콩류, 감자류 등을 함께 섭취하는 것이 필요하다.

나이별로 탄수화물 적정 섭취량도 다르다. 학령 전 아동은 하루 30g, 청소년은 150g, 중년층은 100g 이하, 노년층은 50g 정도의 귀리, 감자, 곡물을 섭취하는 것이 적당하다.

결국, 우리는 원점으로 돌아왔다. 호화롭고 풍성한 식탁에서 다시 소박하고 단순한 식단으로. 물론 이는 다소 아쉬운 일처럼 보일 수도 있다. 인류는 수천 년 동안 설탕을 연구해 왔지만, 이제는 당 섭취를 줄여야 한다. 한때 사람들은 탄산음료를 환호했지만, 이제는 건강을 위해 피해야 할 대상으로 간주된다. 햄버거가 탄생했을 때는 혁신적인 음식으로 여겨졌지만, 이제는 열량을 걱정하며 멀리하는 추세다. <u>인류는 수만 가지의 요리법을 발전시켜 왔지만, 건강을 위해 결국 담백한 음식과 과일, 잡곡으로 돌아가야 한다.</u>

기술의 발전으로 인간은 가축을 사육하고, 어류를 양식하며, 다양한 미식을 창조했다. 하지만, 과학은 우리에게 지나친 열량, 지방, 단백질 섭취가 많은 질병을 유발한다고 경고하고 있다. 건강하고 오래 살기 위해서는 식습관에서 불필요한 요소를 덜어내고, 더욱 자연스럽고 전통적인 식단을 유지해야 한다. 결국 채소, 콩류, 곡물, 견과류의 섭취를 늘리는 것이 그 해결책이다.

인류가 열정적으로 추구해 온 것들이 결국 우리의 건강을 위협하는 독이 되어 돌아왔다. 인한 수많은 질병이 역사가 순환하듯 끊임없이 발병하고 있다. 이는 마치 조물주가 인간에게 던지는 농담이자, 인류가 오랜 세월 섭취해 온 음식들의 반격처럼 느껴지기도 한다.
<u>단테는 『신곡』에서 인간의 죄를 경중에 따라 나열했는데, '식탐' 또한 그중 하나로 포함되어 있다.</u> 음식 역시 많은 것이 그러하듯, 적절한 양을 지키는 것이 중요하다. 과하면 해가 되는 법이다.

전 세계의 미식가들이여, 맛있는 음식을 즐기는 여정에서 중독에서 벗어나 적절한 절제의 미덕을 익혀야 한다. 그래야만 균형 잡힌 삶을 유지하며 이를 통해 더욱 행복한 삶을 영위할 수 있을 것이다.

차례

프롤로그 소박하고 단순한 식단으로 회귀하라!   **008**

제1장   달콤한 유혹

사탕수수와의 첫 만남	**019**
천상의 맛, 설탕을 발견하다!	**026**
황토를 이용한 혁신적인 설탕 제조	**033**
차와 설탕의 로맨틱한 만남	**036**
검은 손길의 '설탕 혁명'	**040**
설탕 무역 전쟁	**051**
제당업이 이끈 산업혁명	**056**

제2장   향긋한 차茶로 인해 발발한 전쟁

다도 문화로 발전한 동방의 잎사귀	**065**
명·청 시대, 외교를 위한 나뭇잎 흥정 카드	**070**
독점과 밀수, 명나라 시장 경제의 승리	**077**
이익을 위한 유럽의 각축전, 영란 전쟁英蘭戰爭	**083**
찻잎이 불러온 치욕의 아편전쟁	**089**
아편에 중독된 청나라 백성을 구하라	**098**
중국, 세계 차 산업의 주도권을 잃다	**102**

제3장　　중독 경제학

염소 떼가 발견한 커피, 예배 시간의 졸음을 물리치다	**113**
부정적 여론을 잠재우고 피어난 커피 예찬론	**119**
차茶의 도시 런던에 세워진 세계 최대 원두 시장	**125**
로맨틱한 불륜 공작으로 완성한 커피의 왕국	**134**
커피 원두 과잉 생산이 초래한 경제 호황과 위기	**139**
커피가 이뤄낸 환상의 하모니	**148**
코피 루왁Kopi Luwak의 희소성	**154**
중독의 비밀, 행동경제학이 비즈니스에 주는 시사점	**159**

제4장　　돌고 도는 돈

먹보 인류의 맥주 사랑이 이끈 농업혁명	**169**
금과 은에 버금가던 술의 전성시대	**174**
미국 독립 전쟁을 촉발한 중독성 강한 럼주	**178**
금주법, 미국을 분열시킨 최악의 정책	**186**

제5장 　　　　　　　　'고통의 쾌락' 비즈니스

인류 최초 고추의 매운맛을 본 민족, 몽골인	**197**
화를 부른 고추의 잘못된 계책	**204**
콜럼버스가 후추로 착각한 고추	**207**
전 세계를 휩쓸며 인간을 길들인 고추	**212**
고추가 이용한 인간의 약점	**216**
경제학, 고추의 인간 길들이기 공범이 되다	**223**

제6장 　　　　　　　　먹보 인류의 미래

비료와 독가스를 발명한 천사와 악마의 두 얼굴	**229**
전쟁에서 태어난 깡통 혁명	**234**
미식가의 욕망으로 탄생한 냉장 유통 기술	**239**
음식의 시간과 공간의 제약을 깨다	**244**
자연 섭리에 대한 인간의 불복종	**250**
음식의 복수, 식탐이 인류에게 가져온 건강 재앙	**254**

에필로그　미래의 먹거리를 예측하라　　　　　　　　**258**

제1장

달콤한 유혹

> "18세기 경제에서
> 사탕수수의 지위는 19세기의 철강, 20세기 석유와 같다."
>
> - 라틴 아메리카의 역사책 중에서

사탕수수와의 첫 만남

　11세기, 아랍 세계에는 규모가 거대한 두 제국이 존재했다. 오우즈 튀르크계 수니파의 셀주크 제국과 파티마 왕조의 파티마 칼리파 제국이다. 두 개의 대규모 제국은 나란히 군림하며 중동 세계를 지배했다.

　그러나 1092년부터 이 두 강력한 아랍 제국은 거의 비슷한 시기에 심각한 내부 정권 다툼을 겪었고, 이 기회를 틈탄 각지의 소규모 영주들이 자신의 세력을 확장하기 시작했다. 결국 대제국은 수많은 소국으로 분열되고 말았다. 이 두 대제국의 혼란은 한 무리의 유럽 부랑자들에게 절호의 기회를 주었다.

　로마 가톨릭 황제의 호소에 따라 기독교인들은 군대를 정비했고, 아랍 제국 내부의 혼란을 틈타 당시 과거의 치욕을 씻고 아랍인들에게 점령된 성지 예루살렘을 되찾으려 했다. 출정하는 군인들은 기독교의 상징인 십자가를 자신의 가슴과 팔에 표기했고, 이로 인해 이들은 '십자군'이라 불렸다.

1099년 7월 15일, 오랜 원정을 끝낸 십자군은 방비가 허술해진 순간을 기회 삼아 예루살렘 탈환에 성공했다. 하지만 성을 점령한 십자군 부대는 기독교의 교리를 완벽히 배제한 채 대학살을 시작했다. 이로 인해 3,000명 이상의 민간인이 살해되고, 예루살렘 전역은 피로 물들었다.

아홉 차례에 걸친 전쟁은 200년 동안이나 지속되었다. 전쟁 초기에는 승리를 거두기도 하였지만, 덕망 높은 살라흐 앗딘의 지도하에 단결한 아랍 국가들은 결국 십자군을 격파했다. 자신의 고향을 등지고 먼 길을 떠나온 십자군 부대는 오합지졸에 불과했고, 부대원 대부분은 싸워보지도 못하고 원정 중에 사망했다.

유럽인의 약탈 행위에서 건진 뜻밖의 소득

십자군 패배의 주요 원인은 '질병과 굶주림'이었다. 200년 동안 분투했으나 유럽의 기독교 국가들은 단 한 치의 땅도 확보하지 못하고 뼈아픈 대가만 치러야 했다. 하지만 그들이 완전히 빈손으로 돌아온 것은 아니었다. 이 과정에서 십자군은 유럽 미식가들에게 '사탕수수'라는 새로운 선물을 가져다주었다. <u>이때부터 유럽인의 미각과 문화는 설탕의 영향을 받아 변화하기 시작했다</u>. 단맛에 대한 인류의 선호는 생물학적 본능이다. 인간은 유인원 시절부터 야생 과일과 꿀의 단맛을 좋아했다. 상당히 오랫동안 인간이 자연으로부터 얻을 수 있는 단맛은 주로 꿀이었다. 하지만 그 수는 매우 적었고, 꿀을 얻으려면 벌집을 들쑤셔야 했으니 벌에 쏘일 위험은 늘 감수해야 했다.

현재도 마찬가지로 아마도 대부분이 설탕의 유혹을 뿌리칠 수 없을 것이다. 이것은 어쩌면 인간의 신체 진화 과정에서 결정된 것인지도 모른다.

인간 뇌의 보상 시스템에서 중요한 역할을 하는 신경 전달 물질은 도파민이다. 인류의 진화 과정에서 도파민 보상 시스템 역시 진화를 거쳤다. 인간도 유기체의 일부이기에 항상 에너지원이 필요하다. 우리 두뇌는 '글루코스'만을 에너지원으로 쓰는데, 당은 이에 가장 효과적으로 사용된다. 이런 이유로 달콤한 음식을 먹으면 뇌의 도파민 보상 시스템이 활성화되는 것이다. 달콤한 음식을 통해 뇌에서 도파민이 방출되면 기분 좋은 효과를 경험하게 되는데, 이 행복감을 더 느끼기 위해 달콤함을 더욱 갈망하는 순환이 일어난다. 따라서 단맛에 대한 인간의 갈망은 오래전부터 유전자에 새겨져 있었다.

전 세계 언어에서 '달콤함'이란 표현은 행복과 기쁨을 나타내는 데 사용된다. 영어로 'Honey'는 원래 '꿀'을 의미하기도 하지만 '사랑하는 사람'을 의미하기도 한다.

꿀맛에 중독된
먹보 인류의 집착

달콤함이 이토록 매혹적인데, 그저 약간의 노력이 필요하다는 이유만으로 인류가 그 유혹을 쉽게 뿌리칠 수 있었을까? 사고력이 생긴 이후로 인류는 다양한 방법을 통해 꿀을 얻기 시작했다.

3,000년 전, 이집트인들은 최초로 꿀벌을 길들이는 데 성공해 양봉을 시작했다. 이로 인해 인류의 '당糖' 탐구는 먹거리 역사에서 기술적인 돌파구를 마련했다.

양봉을 통해 꿀벌들이 끊임없이 황금빛 달콤한 액체를 생산하는 것을 본 이집트인들은 꿀벌에 쏘여 찐빵이 된 선배들의 얼굴을 머리에 떠올리고는 흡족한 미소를 지었을 것이다.

꿀이 많이 나는 곳은 예로부터 풍요로운 땅으로 간주하였다. 『성경』 출애굽기에는 여호와와 모세의 대화가 기록되어 있다.

> "너는 네가 이집트 땅에서 이끈 백성과 함께 이곳을 떠나서 내가 아브라함과 이삭과 야곱에게 맹세하여 네 자손에게 주기로 한 그 땅으로 올라가라. 내가 사자를 너보다 앞서 보내어 가나안 사람과 아모리 사람과 헷 사람과 브리스 사람과 히위 사람과 여부스 사람을 쫓아내어, 너희를 젖과 꿀이 흐르는 땅에 이르게 하려니와."

물론 여기서 '꿀'이 꿀벌의 꿀을 의미하는지에 대한 여부는 여전히 논쟁 중이다.

로마의 파멸을 이끈 설탕

이집트의 파라오는 인류 역사상 양봉을 통해 얻은 꿀을 가장 먼저 즐긴 사람이 되었다. 이 이집트 제왕들도 달콤한 맛을 매우 좋아해서 모든 요리에 꿀을 한 숟가락씩 첨가해야 했다. 그들은 생전에 꿀을 너무 좋아한 나머지, 죽은 후에도 이를 즐기기 위해 꿀을 함께 매장하길 원했으며, 실제 이집트 피라미드 안에서는 꿀을 부장품으로 삼은 흔적들이 여럿 발견되었다.

그러나 양봉을 통해 키운 꿀벌이 아무리 부지런해도 생산할 수 있는 꿀은 여전히 한계가 있었다. 달콤한 맛을 더 많이 즐기기 위해서는 더 많은 양의 꿀을 생산해 낼 길을 모색해야 했다. 그래서 먹보 인류는 새로운 돌파구를 찾기 위해 끊임없이 노력하였고, 심지어 그로 인해 생명의 대가를 치러야 했다.

가장 먼저 그 혹독한 길을 나선 건 로마의 미식가들이었다. 이들은 목숨을 걸고 감미료 찾기에 앞장섰다. 그들은 와인을 납 용기에 넣고 끓이면 매우 달콤한 맛이 나는 백색 결정 화합물을 얻을 수 있다는 것을 발견하고 이것이 '인공 꿀 제조법'이라고 생각했다. 하지만 로마인들은 이 달콤한 화합물에 무서운 독이 있다는 것을 미처 알지 못했다. 이 화합물은 사실 '초산 납'이라고도 불리는 '아세트산 납Lead Acetate'이었고,

이는 달콤하지만 독성이 매우 강한 유독 물질이었다.

　이렇게 얻은 아세트산 납을 그들은 '사파 시럽'이라 부르며, 모든 음식에 감미료로 사용하였다. 이 납을 다량 섭취하면 중독되어 불임, 유산, 심한 경우 사망에 이르기도 한다.

　에드워드 기번 Edward Gibbon 은 『로마제국 흥망사』에서 장기간 다량의 아세트산 납 섭취로 인해 로마 귀족의 수명이 짧아지고, 출산율은 낮아졌으며, 젊은 나이에 사망하는 사람이 많아 후계자를 남기지 못해 결국 제국의 급속한 쇠퇴를 초래했다고 하였다. '사파'로 인해 건강을 잃고 전투력이 떨어진 로마 제국은 후계자 부재로 인한 혼란이 더해져 결국 오스만 제국의 벼린 칼날 앞에 무릎을 꿇고 말았다.

　사실, 달콤함에 목마른 로마인들은 이미 1만 년 전에 뉴기니 New Guinea 섬에 매우 달콤한 식물인 사탕수수가 등장했다는 것을 알지 못했다.
　뉴기니는 오스트레일리아 북쪽에 있는, 세계에서 두 번째로 큰 섬이다. 뉴기니섬에서는 그린란드에 이어 설탕을 함유한 식물인 사탕수수가 자라고 있었다.
　어느 날 우연히 배고픔과 갈증에 시달리던 뉴기니 사람들은 길가의 가늘고 긴 식물을 베어내어 갈증을 해소하던 중 한 식물의 즙이 무척 달콤해 꿀맛과 비슷하다는 것을 발견하게 된다. 이것이 바로 설탕의 원재료인 '사탕수수'다.
　사탕수수의 단맛을 본 뉴기니 사람들은 이 식물을 땅에 옮겨심기 시작했고, 그 이후로 더 많은 달콤함을 얻을 수 있었다. 이 사탕수수는 고대 먹보 인류의 도파민을 확실히 자극했다. 사탕수수를 재배하며 즐겁게 일하는 뉴기니 사람들은 사탕수수에 큰 가치를 두었다.

사탕수수는 뉴기니의 신화에서 항상 중요한 소재이며, 수천 년의 전설 속에서 만병통치약으로 묘사된다.

먹보 인류와 사탕수수의 첫 만남 이후 천 년의 시간이 흘렀다. 먹보 인류의 달콤함에 대한 무서운 집착과 이를 얻기 위한 고군분투는 앞으로도 계속될 것이다.

천상의 맛, 설탕을 발견하다!

　사탕수수는 뉴기니섬 사람들에 의해 발견되었지만, 수만 년 동안 그들은 사탕수수의 즙만 짜서 마셨다. 이 방법은 간단하고 쉬운 반면, 단점도 명확했다. 그 자리에서 짜서 바로 먹어야 하므로 장기간 보관할 수가 없었다. 사탕수수를 일단 베어내면 수분이 손실되어 건조해지거나 부패하기 일쑤였다. 먹보 인류가 결코 여기서 만족할 리 없다. 그래서 그들은 이 달콤함을 매일, 언제라도 먹고 싶을 때마다 손쉽게 즐길 방법을 백방으로 찾으려 노력했다.
　아시아에서 사탕수수를 가장 먼저 접한 나라는 인도이다. 설탕을 뜻하는 영어 단어 'sugar'는 사실 인도의 산스크리트어 'sakara'에서 유래했다. 인도의 미식가들은 사탕수수즙에서 자당을 추출하는 방법을 발명했다. 인도인들은 이로써 갓 짜낸 사탕수수즙만 먹어야 하는 난관에서 벗어날 수 있었고, 인도를 전 세계에서 처음으로 설탕을 생산한 위대한 국가로 만들었다.

인도인들의 설탕 제조 혁명

인도에서 자당을 처음 제조한 방법은 다음과 같다.

1. 사탕수수즙을 짜낸다.
2. 사탕수수즙을 불에 올려 끓인다.
3. 모든 수분이 증발하고 나면 그릇에 남은 적갈색의 덩어리인 자당을 얻는다.

이 적갈색 자당은 지금의 설탕과는 조금 다르지만, 장기간 보관이 가능하고 쉽게 변질되지 않았다. 보관할 수 없어 갓 짜서 사용해야 하는 사탕수수 주스보다는 진일보한 혁신이었다.

기원전 510년, 페르시아의 왕 다리우스 1세가 군대를 이끌고 인도를 정복했을 때, 그는 인도인들이 가정마다 달콤한 맛의 갈색 덩어리를 숨기고 있다는 것을 발견했다. 매우 달콤한 이 갈색 덩어리가 식물의 즙으로 만든 것이라는 것을 알고는 즉시 이 식물을 페르시아로 가져와 대규모로 재배할 것을 명령했다.

1,000여 년의 시간이 흘러 아랍 국가들이 페르시아를 침략했을 때, 아랍인들은 이 맛있는 식물을 발견하기에 이른다. 이후 사탕수수는 페르시아에서 아랍 국가로 전파되었고 대규모로 재배되었다.

그로부터 500년 후, 십자군은 아랍 국가들이 대규모로 사탕수수를 재배하는 것을 발견하고, 매우 기뻐하며 마치 보물을 얻은 것처럼 사탕수수를 유럽으로 가져갔다.

유럽인들은 갈대처럼 보이지만 달콤한 매력을 지닌 사탕수수라는 이 식물을 본 적이 없었다. 그들은 사탕수수를 '벌 없이 꿀을 얻을 수 있는 갈대'라고 불렀다.

사탕수수가 태평양을 건너 유럽으로 전파되는 데까지는 꽤 오랜 시간이 걸렸다. '콜럼버스의 신대륙 발견' 이전에는 사탕수수처럼 달콤한 식물 하나조차도 지역을 넘어 전파되는 데에 생각보다 훨씬 긴 기간이 소요되었다.

설탕에 매료돼
전쟁을 일으킨 중국

그렇다면 미식 분야에 있어 빠질 수 없는 나라, 중국은 달콤함을 찾기 위해 어떤 노력을 했을까?

중국은 주나라 시절 맥아당, 즉 엿기름을 발명했다. 맥아당 제조 방법은 우리나라의 엿을 고아내는 방식과 같다. 보리, 밀, 조를 끓여 곡물의 단맛을 우려낸다. 고대에는 곡물이 매우 귀중하여 백성들의 허기진 배조차 채우기 어려웠다. 당을 만들 만큼 곡물이 넉넉하지 않았기 때문에, 맥아당은 꿀처럼 대량 생산이 어려웠고, 결국 권력을 지닌 최상류층 귀족들만이 누릴 수 있는 사치품이 되었다.

사탕수수는 중국에 전해진 후에도 오랫동안 즙을 짜서 먹는 수준에 머물렀다. 중국 전국시대戰國時代 초楚나라의 정치가이자 시인인 굴원屈原의 〈초사〉에는 다음과 같은 기록이 남아 있다.

"자라는 백숙으로 고아내고, 새끼 양은 불에 구운 후 갓 짜낸 신선한 사탕수수즙에 찍어 먹는다."

한漢나라 7대 황제 무제武帝의 집권 시기, 외교관이었던 장건張騫은 서역에서 자당을 추출하는 기술을 도입했다. 자당은 암갈색의 돌처럼 보여서 당시 중국인들은 자당을 '석밀石蜜, stone honey', 즉 '돌 꿀'이라고 불렀다. 중국 미식가들은 자당을 맛본 뒤 흥분을 감추지 못했다.

당시 전 세계의 설탕 제조 기술은 여전히 초기 단계에 머물렀다. 설탕 제조 공정은 매우 조잡했고, 불순물이 많이 섞여 있어 마치 검은 돌처럼 보였으며, 맛도 그다지 뛰어나지 않았다.

하지만 전 세계 미식가들은 궁극의 맛을 향한 열정의 발걸음을 멈추지 않았다. 설탕 제조 기술을 개선하기 위해 온갖 방법을 동원하여 설탕의 미관과 식감을 더 완벽하게 하고자 하였다. 세계 최초 설탕을 개발하는 데 성공한 인도의 미식가들은 석회유(수산화칼슘 용액)와 식물재 등의 원료를 사용하여 자당의 불순물을 제거하고, 더 높은 순도의 설탕을 제조할 수 있는 새로운 방법을 고안해 냈다. 비록 이때의 설탕 역시 여전히 누런 빛을 띠고 있었지만, 예전의 검고 칙칙한 자당과 비교할 때 미관 및 순도 측면에서 크게 개선된 상태였다.

당나라 황제 이세민은 인도에서 조공한 인도의 설탕 맛을 본 후 마치 신세계를 영접한 듯하였다. 하지만 인도에서 보낸 공물의 수량이 제한되어 있었고, 후궁 3천 명에게 맛을 보여주기에는 턱없이 부족했다. 먹보 기질이 강한 이세민은 개량된 인도의 설탕 맛에 중독된 나머지 제대로 먹지도 못하고 잠도 이루지 못할 정도였다. 결국 그는 인도에 사람을 보내 설탕 제조 기술을 배우게 하여, 당나라에 설탕 공장을 설립하고 생산하는 데까지 생각이 미쳤다. 이를 실현하기 위해 인도에 사신으로 파견했었던 왕현책王玄策을 급히 궁으로 불렀다.

"폐하, 신 왕현책 문안드립니다. 이리 급히 부르시니 무슨 분부가 있으십니까?"

"요즘 무엇을 하고 지내시오?"

"말도 타고 활도 쏘며 지냅니다. 그러다 별도 관찰하고 옥도 다듬고 있습니다."

"매우 한가한가 봅니다. 일을 좀 하나 맡아 주시겠나?"

"무슨 일입니까?"

"인도에 가서 설탕 만드는 법을 배워 오시게."

"우리도 자당이 있지 않습니까?"

"우리 자당과 인도의 설탕은 급이 다르오. 색깔부터 식감까지 모두 인도 설탕의 품질에 못 미친단 말이오."

"설탕 때문에 인도까지 가라 하시다니, 어찌해야 할지 모르겠습니다. 소신은 지난번 인도에 사신으로 갔을 때 정말 죽다 살아났습니다."

"그렇소. 그러니 더더욱 경이 가야 하오. 지난번에 임무를 완수한 경험이 이미 있으니 이번 일도 잘 해내리라 믿어 의심치 않겠소."

"네, 맡겨주신다면 그리하겠습니다."

647년, 왕현책은 사신으로 인도에 다시 파견되었는데, 이번 인도로 향하는 길에는 전혀 예상치도 못한 일이 그를 기다리고 있었다.

왕현책이 인도에 막 다다랐을 때 당나라와 우호적인 관계를 유지하던 인도의 왕 하르샤 Hārsha(계일왕)가 갑자기 세상을 떠났고, 이 틈을 타 아라나순 阿羅那順이 왕위를 찬탈한 일이 발생한 것이다. 하르샤는 당나라와의 관계가 매우 돈독했던 지도자였기에, 그의 죽음은 단순한 비보 이상의 의미를 지녔다. 반면, 아라나순은 당나라에 강한 적대감을 품은 인물로, 즉위하자마자 군사를 이끌고 당나라 사절단을 공격하는 일부터 감행했다. 아라나순의 군사 기습으로 사절단 30명이 생포되었고, 공물과 무역품은 모두 약탈당했다.

이러한 상황 속에서 인도 국경의 관문에 있던 왕현책은 진퇴양난의 곤경에 빠졌다. 그러나 왕현책은 좌절하지 않고, 밤이 되자 경비가 느슨한 틈을 타 성벽을 넘어 탈출에 성공했다. 보통 사람이라면 구사일생으로 목숨을 건지면 가능한 한 빨리 본국에 보고하여 지원병을 불러왔을 것이다. 그러나 왕현책은 당나라로 돌아가 지원병을 부르는 시간이 너무 오래 걸릴 것이라 판단하고 혼자서 이 문제를 해결하기로 결심했다.

그는 밤낮으로 달려 고대 티베트 왕국인 토번국으로 갔다. 토번국 왕에게 군대 지원을 요청하여 1,200명의 보병과 7,000명의 니바라 기병을 동원했다.

며칠 후, 8,000여 명의 토번국 정예 부대를 이끌고 인도로 돌아간 왕현책은 사흘간의 치열한 전투 끝에 3,000여 명을 참수하고 즉위한 지 며칠 되지 않은 인도의 왕 아라나순을 생포했다.

왕현책은 이번 전쟁을 통해 신의 경지에 오른 전설적인 인물이 되었다. 그의 활약은 인도 전역에 큰 충격을 안겼으며, 역사에는 이 전투를 두고 "한 사람의 힘이 한 나라를 무너뜨렸다."라고 기록되었다.

이 소식이 당나라에 전해지자 온 나라가 들썩였다. 시와 노래, 문학의 시대였던 당나라에서 이토록 영웅적인 사건은 드물었기에, 왕현책의 업적은 시인과 문인들의 찬사를 받으며 널리 회자되었다.

한편, 인도 현지에서는 왕현책의 명성이 하늘을 찔렀다. 그가 지나가는 모든 도시의 시민들이 크고 작음을 막론하고 고개 숙여 정중히 예를 표했으며, 그는 당나라의 이름뿐 아니라, 자신의 이름으로도 절대적인 권위를 인정받는 존재가 되었다.

황토를 이용한
혁신적인 설탕 제조

657년, 왕현책은 제당 기술을 배우기 위해 인도에 파견되었다. 이번 임무는 명백했다. '백설탕 제조 기술을 배우는 것'. 왕현책은 사명을 저버리지 않고 백설탕 제작 기술을 성공적으로 배워 왔다. 설탕 제조 기술을 확보한 당나라는 모든 수공업 전력을 동원해 설탕 생산에 사력을 다했다. 당나라는 곧 인도를 제치고 세계 최대의 설탕 생산지로 떠올랐으며, 그동안 상류층만 누리던 달콤함을 당나라 전 계층에 널리 보급하기 시작했다.

기술이 발전함에 따라 설탕의 생산 비용이 크게 줄어들어, 가격도 점차 더 저렴해졌다. 당시 기록에 따르면 당나라의 설탕은 한 근에 60문으로, 당시 물가 수준으로 보았을 때 더 이상 귀족의 전유물이 아니었다. 누구나 손쉽게 접근이 가능한 일상품이 된 것이다.

중국 남송南宋 시대 맹원로孟元老의 역사서 『동경몽화록東京夢華錄』에 따르면, 당시 유행하던 간식류에 우유, 사탕 등이 포함되어 있다. 이는 송나라 시기에는 이미 설탕이 일반적인 서민 음식이 되었고, 다양한 음식에 사용되기 시작했음을 알 수 있다.

비록 인도에서 배운 설탕 제조 기술이 선진적이었다고는 하나, 까다로운 당나라의 미식가들을 사로잡기에는 여전히 부족했다. 이 설탕 조각에는 여전히 불순물이 존재하기 때문이었다. 당나라의 미식가들은 설탕 생산 기술을 향상하기 위해 설탕 정제 방법을 개선하기 시작했다.

명나라 가정제嘉靖帝에 이르러 제당 제조는 역사에 길이 남을 기술 혁신을 이룬다. 간단하고 쉬우며 돈이 많이 들지 않는 '황토물 제당법'이 탄생한 것이다. 사실, 이 '황토물 제당법'은 우연한 사건에서 비롯되었다.

청나라 초기의 유헌정劉獻廷이 저술한 『광양잡기』에는 우연히 발견하게 된 제당법의 탄생 비화가 기록되어 있다.

> "어느 설탕 제조 공장이 심하게 파손되어 지붕 기와와 벽의 황토가 실수로 설탕 생산용 깔때기 안으로 떨어졌다. 현장에 있던 사람들은 우연히 기적 같은 광경을 목격했다. 갈색 설탕이 황토와 함께 섞이면서 자연스럽게 층을 이루었는데, 맨 위에는 투명한 백설탕, 중간에는 황설탕, 아래에는 흑설탕이 차례로 분리되어 있었다."

이는 한마디로 '달콤한 우연이 만든 역사적 기적'이었다. 수천 년 동안 인류의 먹거리를 괴롭혔던 설탕 정제 문제가 흙벽의 붕괴로 인해 한 방에 해결된 것이다. 알고 보면, 흙벽의 주요 성분인 황토의 미네랄 성분이 사탕수수즙의 색소를 흡착한 것이다. 이렇게 불순물 없이 투명하고, 서리와 눈처럼 하얀 백설탕이 마침내 세상에 모습을 드러냈다. 보기에 좋을 뿐만 아니라 식감 또한 훨씬 훌륭해졌다.

명나라 공예백과사전 『천공개물天工开物』에도 '황토물 제당법'이 상세히 기록되어 있다.

> "깔때기 모양의 용기에 약간의 짚을 채운 후 사탕수수즙을 만들어 황토와 혼합된 물과 섞어 용기에 내리면 백설탕과 불순물이 분리되는 현상이 나타난다."

한 영상 크리에이터가 이 전통적 방법을 이용해 직접 실험한 적이 있는데, 자당 분리가 성공적으로 완료됨을 확인할 수 있었다.

황토물에 설탕을 뿌리는 방법은 우연히 벌어진 촌극으로 전 세계 미식가들의 큰 반향을 불러일으킨 희대미문의 사건이 되었다. 대항해 시대가 열리고 새로운 항로를 통해 이 제당법은 세계에 빠르게 퍼져 나갔다.

차와 설탕의 로맨틱한 만남

중국의 제당 기술은 재빠르게 유럽에도 전파되었다. 이후 맛이 좋은 백설탕의 출현은 수백 년 동안 유럽에 엄청난 영향을 미쳤다. 설탕을 마음껏 살 수 없었던 이전의 나날을 만회라도 하려는 듯 황실과 귀족들은 설탕을 과도하게 먹기 시작했다. 모든 요리에 아낌없이 설탕을 쏟아부어 오랫동안 갈망하던 도파민을 마음껏 충전했고, 이전에는 경험하지 못한 깊은 즐거움을 만끽했다.

엄청난 양의 설탕 섭취를 부추기는 또 다른 황금 파트너가 유럽에 등장했다. 바로 차茶이다. 차로 인해 유럽 귀족들의 설탕 섭취는 절정에 달했다. 차는 설탕과 손을 맞잡고 유럽 전체를 완전히 함락시켰다.

당시 영국 경제는 발달하지 않았던 시기라 대부분이 농업에 종사하고 있었다. 이러한 고된 노동을 하고 나서도 먹을 수 있는 것은 고작 말라비틀어진 퍽퍽한 빵뿐이었다. 이 빵은 그냥 먹기에는 질겼기 때문에, 영국인들은 빵을 먹을 때 음료와 함께 곁들이는 습관이 있었다. 부유한 사람들은 맥주, 우유, 주스, 차를 함께 먹었지만 일반 농부들은 끓인 물만 마셔야 했다.

찻잎을 물에 우리면 특유의 쌉싸름하고 떫은맛이 난다. 중국인들은 이미 이런 맛에 익숙했을 뿐만 아니라, 오히려 그 풍미를 즐기기까지 했지만, 차를 처음 접한 유럽 귀족들에게 이 독특한 맛은 단기간에 쉽게 받아들여지지 않았다. 차의 쓴맛과 떫은맛을 줄이기 위해 영국 귀족들은 차에 설탕을 첨가해 보았다. 이 방법을 시도할 수 있는 사람은 부유한 사람들뿐이었다. 차와 설탕 모두 사치품에 속했기 때문이다.

중국의 험준한 산맥과 깊은 계곡에서 수만 년 동안 묵묵히 자란 차는 마침내 영국 해협에서 설탕과 만나게 되었다. 이 조합은 차의 향을 유지할 뿐만 아니라 차의 쓴맛과 떫은맛을 효과적으로 줄여 새로운 맛을 창조했다. 설탕을 녹인 차의 맛은 향긋하고 달콤했다. 이러한 음용 방식은 영국 귀족들 사이에서 빠르게 퍼졌고, 부유한 미식가들은 모두 차에 설탕을 넣기 시작했다. 이로써 <u>유럽인들의 미뢰는 '차와 설탕의 융합'이라는 아름다움에 완전히 빠져들었다.</u>

영국 전역을 휩쓴 차와 설탕

영국 왕실은 앞장서서 홍차에 설탕을 넣는 풍조를 유행시키기 시작했다. 영국에서는 예로부터 민간에서 상류 사회를 모방하는 문화가 조성되어 있었는데, 왕실에서 홍차에 설탕을 첨가하는 것이 유행하자 민간 부유층도 이를 따라 하기 시작했다. 한동안 홍차에 설탕을 넣은 '애프터눈 티'는 영국에서 가장 트렌디한 여가 향유 방식이 되었다.

수요가 계속 증가함에 따라 영국 전역에서 홍차와 설탕 소비가 급증하기 시작했다. 유럽 현지에서는 차가 생산되지 않았기에, 모든 차는 중국에서 수입해야 했다. 귀족들의 폭발적인 차 수요로 인해 찻잎의 가격은 두 배로 치솟았다. 유럽에서 차와 설탕은 여전히 귀한 사치품이었으며, 심지어 왕실에서도 특별히 아끼고 소중히 여기는 식재료였다.

1662년, 포르투갈 공주 캐서린 브라간자 Catherine of Braganza가 영국왕 찰스 2세 Charles Ⅱ와 결혼했다. 그녀가 혼인 후 영국에 가져온 물건에는 두 가지 주목할 만한 것이 있었다. 첫 번째는 인도 뭄바이의 토지 계약서로, 이 땅은 공주가 혼수로 지참하여 영국령이 되었다. 두 번째는 차 한 상자였다. 공주는 먼 타향에서 마실 차를 직접 챙겨올 만큼 차에 대한 애정이 각별했다.

아시아와의 무역을 일찍 시작한 포르투갈에서는 이미 차를 마시는 문화가 자리 잡고 있었고, 공주 역시 그런 환경에서 자라면서 차를 즐겨 마셨다. 그녀가 시집오기 전까지만 해도 영국에서는 차가 보편화된 수준은 아니었다. 왕비가 일상적으로 차를 마시는 모습을 본 귀족들의 눈에 그것이 신선하고 우아한 풍습으로 비치면서 곧 영국 전역에 차를 마시는 문화가 유행처럼 퍼져 나갔다.

경제학은 공급이 늘어나면 가격이 내려간다는 사실을 여러 차례 입증해 왔다. 그러나 아무리 설탕 정제 기술이 발전했음에도 불구하고, 유럽에서는 설탕 가격이 좀처럼 내려가지 않았다. 그 이유는 간단했다. 설탕이 첨가된 애프터눈 티를 향한 유럽 귀족 미식가들의 식욕은 상상을 초월했고, 그들은 언제나 돈을 손에 쥔 채, 차와 설탕이 도착하기만을 목 빠지게 기다리고 있었기 때문이다.

대중들이 열광하는 물건을 손에 쥔 사람은 돈을 벌 수밖에 없는 상황이다. 막대한 경제적 이익의 유혹 앞에서 영국 상인들은 더 많은 차와 설탕을 얻기 위해 머리를 굴리기 시작했다.

검은 손길의 '설탕 혁명'

차와 설탕의 만남으로 유럽인의 설탕 수요는 폭발적으로 증가했다. 수요는 증가했으나 공급이 심각하게 부족한 현실에 설탕 산업은 막대한 이익을 얻는 황금알을 낳는 거위, 즉 '환금 작물cash crop'이 되었다.

유럽 대륙은 수십 개국이 조밀하게 모여 있을 뿐만 아니라, 기후와 토양 조건도 사탕수수 재배에 적합하지 않았다. 이에 유럽인들은 사탕수수를 대량으로 재배할 수 있는 플랜테이션Plantation에 알맞은 땅을 찾기 위해 이곳저곳을 물색하기 시작했다.

콜럼버스가 발견한 아메리카 신대륙의 광활한 땅은 사탕수수를 재배하기에 최적의 장소였다. 식민지 개척자들은 사탕수수를 아메리카 대륙으로 옮겨 재배를 시도했고, 곧 이곳이 사탕수수 재배에 최적의 환경을 갖춘 이상적인 땅이라는 사실을 확인하게 되었다.

가장 먼저 이득을 본 나라는 세계 최초의 해가 지지 않는 제국이라 불리던 스페인이었다. 스페인은 섬나라인 자메이카에서 사탕수수를 재배하기 위해 땅을 개간했다. 이로써 자메이카는 순식간에 아메리카 사탕수수 재배의 중심지가 되었고, 유럽 사탕수수 설탕의 주요 공급원으로 자리매김하였다.

뒤이어 포르투갈이 나섰다. 아메리카 대륙에서 그들이 이루고자 하는 유일한 목적은 사탕수수 재배지를 찾는 것이었다. 그들은 결국 자국의 식민지였던 브라질에서 대규모로 사탕수수를 재배하는 데 성공했고, 현지에서 설탕으로 가공까지 마친 후 유럽으로 운송하였다.

거대 이익 앞에 유린당한 흑인 노예의 비참한 운명

17세기, 대서양과 멕시코만에 접한 남아메리카의 카리브해 지역은 전 세계 사탕수수 재배의 중심지가 되었다. 영국령인 바베이도스Barbados, 프랑스령인 마르티니크Martinique 등 카리브해의 크고 작은 섬 전체에는 사탕수수가 빽빽하게 심어졌다.

카리브해 지역은 기후가 무덥고 습도가 높아 사탕수수를 위해 맞춤 제작된 천혜의 땅이었다.

이곳에서 재배되는 사탕수수는 품질이 매우 뛰어날 뿐만 아니라 엄청난 생산량을 자랑했다. 이는 마치 유럽의 정복자들이 카리브해의 다른 무인도 개발을 부추기는 꼴이 되고 말았다. 의지를 더욱 확고히 굳힌 식민지 개척자들은 결국 거의 모든 무인도를 사탕수수 농장으로 만들어 버렸다.

사실 사탕수수가 자라기에 적합한 곳일수록 인간이 살기에는 적합하지 않다. 카리브해 지역의 날씨는 고온다습하고 거주 위생 조건이 매우 열악하여 전염병과 질병이 빈번하게 창궐하였다. 이곳에서 사탕수수를 재배하던 많은 노동자는 고된 노동과 열악한 환경에 목숨을 잃어야만 했다. 통계에 따르면, 카리브해로 간 노동자 15만 명 중 살아남은 사람은 2만 명이 채 되지 않으며, 사망률은 86%에 육박했다. 이렇게 높은 사망률 때문에 사형수조차도 이곳에서 일하기를 원하지 않았다.

플랜테이션 조성 초기에는 유럽의 계약 노동자들과 아메리카 원주민 노예들이 주요 노동력이었다. 그러나 유럽에서 유입된 천연두 같은 전염병과 아프리카에서 전해진 말라리아·황열병 등이 퍼지면서 아메리카 원주민의 수는 급격히 감소했고, 유럽인들은 말라리아와 황열에 매우 취약해 계약 노동자의 수급에도 큰 제약이 따랐다. 나중에는 카리브해 지역에 사탕수수를 재배하러 오는 백인을 찾기란 거의 불가능해졌다. 백인 대부분은 더 쾌적한 기후의 지역으로 이주했으며, 심지어 사탕수수 농장을 소유한 영국 농장주들조차 현지 방문을 꺼리고 원주민을 고용해 농장을 관리하게 했다. 자신들은 카리브해 연안 대신 생활 여건이 훨씬 나은 런던에 머물며 원격으로 농장을 운영했다.

이로 인해 노동자의 임금이 계속해서 상승함에도 노동자의 고용은 여간 어려운 게 아니었다. 농장주들은 임금을 더 이상 올릴 여력이 없어 이윤 확보에 어려움을 겪었고, 사탕수수 농장 운영은 장기적인 고용난에 시달려야 했다. 결국 영국 정부는 더 악랄한 해결책을 찾게 되었는데, 아프리카의 흑인 노예를 활용하는 것이었다.

일본 교토대 교수이자 역사학자인 가와기타 미노루 Kawakita Minoru, 川北稔는 그의 저서 『설탕으로 보는 세계사』에 "설탕이 있는 곳에 노예가 있다."라는 제목의 글을 실었다. 수천 명의 아프리카 흑인 노예가 아메리카 대륙의 사탕수수 농장으로 끌려갔고, 고된 노동을 강요받았다. 사탕수수 농장주의 눈에 흑인 노예는 의심할 여지 없는 완벽한 노동력으로 보였다. 그들은 어떠한 법의 보호도 받을 수 없었고, 신체의 자유권도 없었다.

무엇보다 농장주들은 아프리카 흑인 노예들이 말라리아와 황열에 대한 내성과 면역력이 강해 기후 적응력이 뛰어나다는 점에 무척 만족했다. 그들은 다른 인종에게 큰 해를 끼치는 전염병에 거의 걸리지 않아 설탕 플랜테이션 노동력 공급의 원천이 되었다. 비용적 측면에서도 노동자를 고용하는 것보다 훨씬 나은 선택이었다. 농장주는 흑인 노예에게 임금을 줄 필요도 없고, 좋은 음식과 숙소를 제공할 필요도 없다. 이윤이 많이 남아도 배당금을 줄 필요가 없는 것이다. 신체의 자유가 전혀 없는 흑인 노예들은 짐승처럼 목줄을 차고 강제 노동을 당하다 결국 많은 이가 과로로 사망했다.

가축보다 못한
흑인 노예의 인생

스티브 맥퀸Steve McQueen 감독의 2013년 개봉작 〈노예 12년12 Years a Slave〉에는 당시 흑인 노예의 비참한 운명이 적나라하게 담겨 있다.

영화 속 주인공 솔로몬 노섭은 뉴욕주에 살면서 숙련된 목수로 일하는 동시에 바이올린 연주에도 능한 자유 흑인이다. 어느 날 두 남성이 솔로몬에게 서커스에서 2주간 연주하는 일자리를 제의하며 접근한다. 하지만 그 일자리는 거짓이었다. 결국 솔로몬은 그들에게 납치되어 노예로 팔리게 되었고, 그 후로 목화와 사탕수수 농장에서 암담한 세월을 겪게 된다.

영화 말미에 솔로몬은 12년 동안의 고난을 견뎌낸 끝에 친절한 캐나다인의 도움으로 노예 생활에서 벗어나 자유를 되찾고 가족들의 품으로 돌아간다. 그는 자신을 납치한 사람들을 법정에 세우는 데는 성공했지만, 유죄를 입증하는 데에는 실패했다.

솔로몬의 이야기는 당시 흑인 노예 매매업의 치부를 드러냈지만, 이는 빙산의 일각에 불과하다. 영국의 수많은 흑인 노예 상인이 이 범죄에 가담했다. 노예상들은 아프리카에서 흑인 노예를 수입한 후 카리브해 지역으로 운송하여 판매했다. 이곳의 사탕수수 농장주는 노동자를 고용하는 것보다 돈이 더 들더라도 흑인 노예를 구매하는 것을 선호했다. 운송 비용과 중간에 사망한 흑인 노예들로 인한 손실을 제외해도 흑인 노예 무역의 순이익은 약 20%에 달했다. 안정적으로 수익을 올리는 흑인 노예 무역은 더 많은 상인을 끌어들였고, 심지어 복음주의와 박애 정신을 부르짖는 목사들까지도 이 흑인 노예 무역에 가담했다. 특히, 〈나 같은 죄인 살리신Amazing Grace, 1779년 작〉이라는 찬송가를 작곡한 것으로 유명한 영국의 존 뉴턴John Newton 목사는 무려 6년 동안 노예선 선장이자 흑인 노예 사업가로 활동했다.

설탕을 목숨처럼 아꼈던 유럽인들 누구도 이 흑인 노예들의 운명에 대해 전혀 동정심을 보이지 않았다. 오히려 그들은 흑인 노예들을 조롱했으니, 이는 흑인 노예의 비극이자 인류 문명의 슬픔이라 하지 않을 수 없다.

스코틀랜드 역사에서 가장 위대하다고 평가되는 철학자 데이비드 흄David Hume조차 한 에세이에서 "흑인 노예들은 스스로 생산할 것이 없기 때문에 열등하게 태어난다. 예술도 없고, 토착 문학도 없고, 과학적 업적도 없다. 가끔 흑인들이 그런 모습을 보인다면 그것이 보여주는 유일한 지혜는 단지 다른 사람의 말을 앵무새처럼 따라 하는 것일 뿐이다."라고 한 적이 있다.

죽음보다 끔찍한 노예 산업

그렇다면, 유럽의 각국 정부는 이러한 흑인 노예 판매 행위에 어떤 조처를 했을까? 불행히도 유럽의 정부는 흑인 노예 판매를 막지 않았을 뿐만 아니라 흑인 노예 매매에 직접 참여하기도 했다.

1663년 한 농장주가 영국 왕실에 보낸 보고서에는 다음과 같은 내용이 있다.

> "흑인 노예는 서구 세계의 생명줄이자 힘의 원천입니다. 농장주들이 흑인 노예를 더 많이 확보할수록 더 많은 부를 축적할 수 있고, 왕실에 더 많은 세금을 납부할 수 있습니다."

당시 대영제국은 전 세계로 뻗어 나가고 있었고, 제국주의적 야망을 실현하기 위해서는 막대한 자금력이 동원되어야 했다. 영국의 설탕 무역과 흑인 노예 무역업은 대영제국에 막대한 세금을 납부함으로써 재정 유지에 기여할 수 있었다. 이렇게 납부한 세금이 재정 수입의 30%에 달할 정도라, 정부로서는 손실 없이 안정적으로 이익을 얻는 재원이었던 것이다.

영국 정부의 암묵적인 지원과 정책 덕분에 흑인 노예 무역은 합법적인 행위처럼 자행되었다. 정부는 농장주들과 묵묵히 협력하여 흑인을 아프리카에서 생존 조건이 가장 열악한 카리브 제도로 끊임없이 판매하였다. 많은 매체의 기사에서는 유럽인들이 직접 아프리카로 가서 사람들을 강제로 노예로 만들어 사탕수수 농장에 팔았다고 보도한다. 하지만 실상은 이와 다르다. 유럽 상인들의 행위가 결코 정당하진 않았지만, 직접 노예를 포획해 팔 정도는 아니었다. 그들은 단지 거래에 참여했을 뿐이며, 이 흑인 노예들은 기본적으로 현지 흑인들에게 붙잡혀 유럽인들에게 판매되었다.

아프리카의 여러 부족은 한정된 자원을 두고 경쟁해야 했기에, 종종 부족장의 지휘 아래 전쟁을 벌였다. 전쟁에서 패한 부족의 사람들은 승리한 부족에 의해 노예로 잡혀 가축처럼 팔려나갔다. 승리한 부족은 노예 판매를 통해 금전적 이득을 얻을 수 있었지만, 전쟁에서 영원한 승자는 없었다. 오늘은 승리자일지라도 다음 전쟁에서는 패자가 될 수 있었고, 심지어 다른 부족에게 노예로 팔리기도 했다. 이런 <u>끊임없는 '제 살 깎아 먹기' 식의 살육과 노예 거래로 인해 아프리카 대륙의 흑인 인구는 점차 크게 줄어들게 되었다.</u>

유럽의 흑인 노예 상인들은 흑인 노예를 구매한 후 즉시 배에 실어 카리브해로 운송했다. 운송 중 열악한 조건으로 인해 일정 비율의 사망자는 발생하겠지만, 결국 살아남았다고 해도 운이 좋았다고는 할 수 없었다. 사탕수수 농장주에 팔린 흑인 노예들의 인생은 죽음과 맞먹을 만큼 비참했기 때문이다.

노예상들은 아메리카 대륙에서 노예들을 하역한 후 비워진 배에 설탕을 가득 채워 유럽으로 보냈고, 설탕은 곧 높은 가격에 판매되었다. 유럽에 설탕을 하역한 그 배에는 다시 아프리카에서 인기 있는 총기, 증류주, 고추 등의 상품이 실렸다. 그리고 다시 아프리카로 돌아간 그 배는 싣고 온 물품들을 흑인 노예로 교환하고, 무기를 받은 부족은 이를 바탕으로 전쟁을 일으켜 상대 부족을 제압해, 더 많은 흑인 노예를 포로로 잡았다.

이것이 바로 <u>끔찍한 흑인 노예 산업의 연결고리이다.</u> 이 연결고리 안의 수많은 참여자가 이를 통해 막대한 돈을 벌어들였다. 오직 노예로 팔린 흑인들만이 유일한 패배자였다.

설탕 플랜테이션 산업은 노동력의 원천인 흑인 노예를 제공하는 아프리카, 사탕수수를 재배하는 아메리카, 설탕을 판매하는 유럽을 밀접하게 연결한다.

아프리카, 아메리카, 유럽의 세 개의 대륙을 가로지르는 이러한 무역을 '검은 삼각무역三角貿易, Black triangular trade'이라고 부른다. 죄악으로 가득 찬 삼각무역이지만, 국가 간 무역을 통해 세계 대륙이 처음으로 서로 연결되었다는 역사적 의미도 지닌다.

아시아로 넘어간
검은 손길

다행히 흑인은 노예의 운명에 굴복하지 않았다. 1790년, 아이티에서 흑인 노예 봉기가 발생했다. 프랑스에 의해 곧 진압되었지만, 이를 기점으로 라틴 아메리카 전역의 노예들이 식민지 지배에 맞서 싸우는 기폭제가 되었다. 1804년, 아이티는 공식적으로 독립을 선언하며 세계 최초로 흑인이 설립한 공화국이 되었고, 1838년, 수많은 사람의 노력 끝에 영국은 마침내 식민지 노예 제도를 공식적으로 폐지하였다. 이로써 영국 식민지의 77만 명의 흑인 노예가 자유를 되찾을 수 있었다.

하지만 이야기는 여기서 끝나지 않는다. 흑인 노예는 자유를 얻었지만, 설탕 수요는 여전히 존재하기 때문이다. 흑인 노예들이 자유를 찾아 집으로 돌아갔다면, 이제 누가 사탕수수를 재배할 것인가?

그리하여 설탕 플랜테이션 산업을 이끄는 세력은 다시 검은 손을 아시아에 뻗치게 된다. 1846년, 식민지 개척자들은 중국 샤먼 일대에서 청나라의 노동자를 모집하기 시작했다. 그들은 "아메리카 대륙에 가서 철도를 수리하면 큰돈을 벌 수 있다."라는 감언이설로 노동력을 모집했다. 하지만 실제로 모집된 노동자들의 가슴에는 뜨겁게 달군 쇠붙이의 낙인 자국이 찍혔다. 낙인은 S,P,C 세 글자였으며, 각각 다음과 같은 행선지를 의미했다.

S : 하와이 (Sandwich Islands)

P : 페루 (Peru)

C : 쿠바 (Cuba)

그들은 어디로 가는지 알지도 못한 채 아메리카의 사탕수수 농장과 설탕 공장으로 강제로 이송되었고, 그곳에서 매일 극심한 고강도 노동에 시달려야 했다. 결과는 참혹했다. 중국인 노동자의 사망률은 무려 75%에 달했으니, 말 그대로 죽음의 노역이었다.

청나라 조정은 각계의 압력에 못 이겨 식민지 개척자들과 여러 차례 협상을 진행했고, 이로부터 몇 년 후에야 마침내 청나라 계약 노동제는 폐지되었다.

노예 산업은 폐지됐지만, 아프리카와 아메리카, 유럽의 삼각무역에는 아직 교역해야 할 물품들이 많이 있었다. 훗날 이 삼각무역의 중심에는 '면화'가 자리 잡았는데, 아메리카의 면화는 이 삼각무역을 통해 전 세계로 수출되었다. 이로써 삼각무역은 아메리카를 글로벌 면화 기지로 만드는 데 큰 공헌을 하게 된다.

제1차 산업혁명은 영국 섬유 산업에서 시작되었다. 삼각무역은 세계 최초의 해양 무역 물류 체계를 구축했고, 이로써 영국은 산업혁명의 선두주자가 되었으며, 마침내 '해가 지지 않는 나라'로 세계를 제패하게 된다.

<u>카를 마르크스Karl Marx</u>는 『자본론』 제1권에서 "자본의 출발점은 상품의 유통이다. 상품 생산과 상품 유통은 곧 무역이며, 이는 또한 자본 생성의 역사적 전제 조건이다."라고 하였다.

역사가들은 이 변화를 '설탕 혁명'이라고 부른다. 유럽의 먹보들이 촉발한 이 피눈물로 얼룩진 혁명은 세계 질서의 판도마저 뒤흔드는 거대한 변화를 불러왔다.

설탕 무역 전쟁

괴테Johann Wolfgang von Goethe는 나폴레옹Napoleone di Buonaparte을 '종래에 본 적 없는 가장 창의적인 사람'이라고 평가했으며, 처칠Sir Winston Leonard Spencer-Churchill은 '이 세상에 그보다 위대한 사람은 존재하지 않는다.'라며 극찬한 바 있다.

이런 찬사를 받는 나폴레옹을 그저 평생 전장에 몸 바친 군인으로만 알뿐, 미식 인류에게 지대한 공헌을 한 사실을 아는 이는 많지 않다. 그 덕분에 귀족들의 전유물이었던 백설탕은 평범한 사람들이 살 수 있는 소비재가 되었다.

1804년, 35세의 나폴레옹은 노트르담 대성당에서 황제로 즉위하며 프랑스 역사상 가장 위대한 통치자가 되었다. 즉위 직후 프랑스는 영국과 무역 전쟁에 돌입했다. 나폴레옹은 영국에 정면으로 대응하며, 강경한 태도로 '유럽의 모든 국가는 영국과의 상업 무역을 금지한다'라는 '대륙 봉쇄령'을 내렸다. 그는 대륙 봉쇄령을 어기고 영국과 상업적으로 거래하는 선박은 결코 프랑스 국경을 통과할 수 없으며, 압류될 것이라 통보했다.

이번 무역 전쟁의 발단은 바로 '백설탕'이었다. 당시 유럽의 미식가들은 설탕을 매우 좋아해서 어떤 요리든 설탕을 대량으로 넣어야만 했다. 전 세계적으로 매년 24만 5천t의 설탕이 유럽 시장에 판매되었고, 프랑스는 '설탕 중독국'이라 불릴 정도로 매년 2만t 이상의 설탕을 소비했다. 대부분 백설탕은 삼각무역을 통해 아메리카 대륙으로부터 수입되었으며, 영국의 강력한 해군이 전체 해상 무역 체계를 통제하고 있어 언제든지 가격을 올리거나 공급을 끊어버릴 수도 있었다.

결국 백설탕과 관련된 모든 무역은 영국의 철저한 통제 아래 놓이게 되었다. 영국은 유럽 미식가들이 설탕에 지나치게 의존하고 있으며, 이 중독을 쉽게 끊지 못하리라는 사실을 누구보다 잘 알고 있었다.

무역 전쟁은 '천 명의 적을 죽여도 팔백 명의 아군을 잃는' 제로섬 $^{zero-sum}$ 게임이었다. 프랑스는 무역 전쟁을 통해 영국의 백설탕 산업에 타격을 주며 판매량을 줄이는 데는 성공했지만, 그 대가 역시 혹독했다. 무역 전쟁으로 프랑스의 백설탕 수입량이 급감하면서 가격이 급등한 것이다. 1790년 당시 1kg당 1프랑^{franc}이던 설탕 가격은 전쟁 발발 이후

052

최고 1kg에 20프랑까지 치솟았다. 이로 인해 대부분 프랑스인은 더 이상 백설탕을 사 먹을 수 없게 되었다.

상식을 깬 나폴레옹의 파격적인 인류 공헌

 이 모든 어려움을 지켜보던 위대한 나폴레옹은 먹보 인류의 어려움을 해결하기 위해 직접 나서기로 했다. 그는 백설탕이 영국에 의해 독점되는 현실을 타개하고, 아메리카 대륙산 백설탕에 대한 의존에서 벗어나기 위한 대책 마련에 나섰다. 하지만 프랑스의 기후는 사탕수수를 재배하기에 적합하지 않았다. 프랑스 땅에서 설탕을 생산할 수 있도록, 사탕수수를 대체할 작물을 찾기 위해 그는 과학자들로 이루어진 연구팀을 꾸렸다.

 영국이 백설탕으로 프랑스의 목을 조르는 상황에 프랑스의 미식가들은 침을 흘리며 나폴레옹을 주시하고 있었다. 갓 집권한 황제는 무역 전쟁을 일으킬 수 있을 만큼의 권력을 가졌지만, 이제는 그로 인해 생긴 문제를 해결해야만 명성을 유지할 수 있었다. 이때 나폴레옹은 문득 50여 년 전 한 괴짜 과학자의 실험이 떠올랐다.

 1747년, 프로이센의 화학자 안드레아스 지기스문트 마르그라프 Andreas Sigismund Marggraf 는 사탕무 비트, sugar beet 라고 불리는 식물을 현미경으로 관찰하던 중, 당 성분을 발견했다. 프로이센 제국은 이 연구를 지원하기 위해 막대한 자금을 투입하여 마르그라프의 제자이자 프로

이센 왕국의 과학자였던 프란츠 카를 아샤르Franz Karl Achard에게 당도가 더 높은 사탕무를 개량하도록 하였으나 큰 성과를 거두진 못했다.

나폴레옹은 사탕무에 착안하여 자신의 친구이기도 했던 프랑스의 화학자 클로드 루이 베르톨레Claude Louis Berthollet에게 사탕무에서 설탕을 추출할 수 있는 팀을 구성하라고 명령했다. 영국의 독점을 타파하기 위한 비밀 프로젝트인 '비트 프로젝트'를 가동한 것이다.

하지만 사탕무로 설탕을 추출하는 프로젝트는 오랜 시간 동안 아무런 진전이 없었다. 민심은 들끓고 인내심에 한계를 느낀 나폴레옹은 여러 차례 클로드를 독촉했다.

그런데 이 난제는 우연히 한 은행가에 의해 해결된다. 그는 바로 스위스 출신의 프랑스계 은행가 벤저민 델레세르Benjamin Delessert다. 식물학과 화학 연구에 깊이 매료되어 여러 권의 식물학 서적을 출간했던 그는, 이미 사탕무에서 설탕을 추출하는 연구를 시작한 상태였다. 은행가인 덕에 막대한 자금을 마련할 수 있었던 그는 파리 근교에 사탕무 연구소를 설립하고 가공 공장을 세웠으며, 과학자·식물학자·화학자를 고용해 본격적인 연구에 뛰어들었다. 팀 전체가 사력을 다해 사탕무 정제 기술을 개발하고 있다는 소식을 들은 나폴레옹은 크게 기뻐하며 즉시 델레세르의 연구를 지원했다.

1811년 말, 델레세르의 연구는 마침내 획기적인 진전을 이루어 사탕무에서 대량으로 설탕을 만드는 기술 개발에 성공한다. 프랑스가 설탕 제조 기술을 보유하게 된 후 나폴레옹은 프랑스 북부에 대규모 사탕무 재배 지시령을 내렸다. 당시 교통의 발달에 힘입어 사탕무 설탕 산업은 이내 사탕수수 설탕 산업에 맞서는 거대한 산업으로 부상했다.

사탕수수보다 사탕무는 재배가 더 쉽고 가격이 저렴하다는 이점이 있다. 이 사실이 알려지자 유럽의 다른 국가들도 대규모로 사탕무를 재배하기 시작했다. 이로써 설탕의 공급이 충분해졌고, 백설탕의 가격은 큰 폭으로 하락했다. 유럽은 하룻밤 사이에 설탕의 압박에서 벗어나게 되었고, 한때 누워서도 돈을 벌 수 있었던 사탕수수 시장의 열기는 급격히 식어버렸다.

프랑스의 사탕무는 국내 수요를 충족시킬 뿐만 아니라 세계 설탕 시장에도 수출되어 세계 설탕 가격에 영향을 미치기 시작했다. 더욱이 맛에서 차이가 없었고, 화학 분자식도 동일했기 때문에 소비자들은 두 설탕 사이의 차이를 거의 인식하지 못했다.

그 이후로 사탕무는 유럽의 주요 설탕 공급원이 되었다. 생산 비용이 높은 사탕수수 설탕은 경쟁력을 잃고 판매 부진에 시달렸으며, 결국 상인들은 손실을 감수하며 창고를 비워야 했다.

나폴레옹의 노력 덕분에 오늘날 '비트 설탕'이라 불리는 사탕무 설탕은 누구나 누릴 수 있는 고품질의 저렴한 대중 소비재가 되었고, 프랑스는 영국의 설탕 독점에서 벗어나 내수 경제를 안정적으로 성장시켰다. 이는 프랑스가 점차 세계로 영향력을 넓히는 데에도 기반이 되었다.

제당업이 이끈 산업혁명

    설탕은 단지 음식의 맛을 더 좋게 만들 뿐만 아니라 세계 경제 발전에도 크게 이바지했다.

    설탕은 감자와 손잡고 산업혁명을 촉진했을 뿐 아니라 그 이후에도 노동자들에게 고효율 에너지원을 제공했다.

    먼저 설탕과 감자가 어떻게 산업혁명을 촉진했는지 살펴보자. 우리는 사탕수수 설탕 플랜테이션 산업의 삼각무역이 아메리카, 아프리카, 유럽을 잇는 무역 경로를 개척하고, 유럽의 경제 발전에 혁명적인 기여를 했다는 사실을 이미 알고 있다. 훗날 이 무역 경로는 아메리카의 면화가 영국으로 운송되는 데 활용되었고, 이는 영국 섬유 산업의 비약적인 발전을 촉진하는 계기가 되었다.

1765년, 영국의 제임스 하그리브스 James Hargreaves는 제니 방적기 spinning jenny를 발명했다. 이는 산업혁명의 서막을 알리는 상징적인 사건으로 평가받지만, 그것만으로는 산업혁명이 완성되었다고 보기는 어렵다. 산업혁명은 다양한 기술 혁신과 사회·경제 구조의 변화가 복합적으로 얽힌 결과였기 때문이다. 특히 성숙기에 접어든 제당 기술은 가장 먼저 새로운 제조 공정으로 전환되었고, 이는 현대적 의미의 산업 생산 설비의 초기 형태를 갖추는 데 결정적인 역할을 했다.

사탕수수 플랜테이션 농장에서는 일찍부터 자본주의가 싹트기 시작했다. 사탕수수 농장에는 현대적인 산업 시설이 최초로 투입되었으며, 설탕 가공 과정에서 분업 체계가 형성되었고, 각 작업 단계마다 요구되는 기술과 역할이 달라지면서 직능에 따라 필요로 하는 인재상도 점차 다양해지기 시작했다.

설탕을 가공하는 과정에는 조리, 거품 제거, 탈수, 온도 조절 등이 포함되며, 이는 숙련된 전문 지식과 기술을 요구한다. 따라서 제당 공정에서는 다양한 직종의 작업자 모두가 각자의 임무를 수행하면서 효율적으로 협력해야 한다.

무엇보다 설탕을 제조하려면 지속적인 동력이 유지되어야 했는데, 이를 위해 농장주들은 장기간에 걸쳐 첨단 풍력 및 수력 발전 장비를 개발했다. 이러한 전력 장비의 혁신은 이후 산업혁명이 진행되는 동안 섬유, 철강, 제지 등 산업에 지속 가능한 에너지원을 제공했다.

또한 설탕은 농업에 묶여있던 노동력을 산업화 현장으로 이끌었으며, 특히 노동자들에게 필요한 에너지를 공급함으로써 '노동력 창출'이라는 산업혁명의 핵심 과제를 해결하는 데 중요한 역할을 했다.

설탕이 널리 보급되기 전, 유럽에서는 기근이 잦아 많은 인구가 굶주림에 시달렸다. 당시 유럽 각국은 안정적인 식량 공급을 위해 인구의 80% 이상이 농업에 종사할 수밖에 없었다. 그러나 사탕무 제당 기술이 발전하면서 설탕 가격은 점차 낮아졌고, <u>결국 설탕은 대중의 일상 소비재로 자리 잡았다. 덕분에 유럽 노동자들은 전통적으로 쌀, 밀, 옥수수에만 의존해 에너지를 보충하던 시대를 넘어설 수 있었다.</u>

많은 유럽 노동자에게 설탕은 곡물보다 훨씬 더 효율적인 에너지 공급원이 되었다. 이로 인해 유럽의 인구수는 빠른 증가세를 보였지만 오히려 식량 가격은 하락하는 현상이 나타났다.

설탕이 만들어 낸
나비효과

이는 모두 '설탕' 덕분이다. 설탕은 유럽인들의 주식 섭취를 줄여 식량 수요를 크게 감소시켰다. 이것은 일련의 연쇄 반응을 일으켰는데, 지속된 곡물 가격의 하락은 농민들의 수입 감소로 이어졌다. 농업으로 더 이상 돈을 벌지 못하게 된 농민들은 곡물 재배 노동에서 벗어나 도시로 모여들어 새로운 생계 방안을 모색하게 되었다. 당시 영국 최대 도시였던 런던은 설탕 혁명이 시작된 후 인구가 급격히 증가하여 불과 30

년 만에 두 배가 되었다.

　인적 자원이 풍부해지고 노동 비용이 낮아지자, 공장주들은 이윤을 늘리기 위해 노동력을 더 많이 확보하고 생산 규모를 확대했다. 풍부한 노동력은 대규모의 분업과 협업 체계를 가능하게 했고, 더욱 정교한 생산 분업은 생산 효율을 끌어올렸으며, 이로 인해 공장들은 다시 한번 새로운 기술 개발에 박차를 가하게 되었다. 그 결과 다양한 발명과 혁신 기술이 연이어 쏟아져 나오며 제1차 산업혁명의 서막이 열렸다.

　설탕은 단순히 산업혁명을 촉진하는 역할에 그치지 않고, 산업혁명이 지속될 수 있도록 힘을 더해 주었다. <u>설탕은 산업혁명 시기 노동자들에게 충분한 에너지원이 되었기에 '노동자의 에너지 원천'이라 불렸고, 석탄은 '기계의 에너지 원천'으로 불렸다.</u> 이 두 가지는 산업혁명이 완성되는 데 필수적인 구성 요소였다.

　산업혁명 초기에는 석탄이 아직 널리 사용되지 않았다. 기계도 보급되지 않아 생산 공정 대부분은 여전히 인력에 의해 이루어지는 상황이었다. 그 당시, 노동자들의 일과는 매우 힘들었다. 이런 고된 생활 속에서 노동자들이 충분한 체력을 유지할 수 있었던 것은 바로 커피, 설탕, 그리고 차 덕분이었다.

　산업혁명이 진행됨에 따라 노동자들의 설탕 소비는 계속 증가했다. 1900년대에 '빠른 에너지원'으로 알려진 설탕은 영국인의 일상 업무와 생존에 필요한 하루 열량 중 25%를 제공했다.

　설탕은 뇌에서 도파민 분비를 촉진해 노동자들이 힘든 환경 속에서도 기쁨을 느끼며 일할 수 있도록 도왔다. 또한, 설탕은 인체에 가장 빠르게 흡수되는 에너지로서, 산업혁명 최전선에서 일하는 노동자들의 다양한 생리적 요구를 충족시켰다.

설탕 혁명은 본질적으로 산업혁명의 전주곡이라고 할 수 있다. 일부 역사학자들이 산업혁명 당시 여러 나라의 설탕 가격을 통계해 보니 설탕이 저렴한 곳일수록 산업혁명이 더 빨리 완료되었다는 매우 흥미로운 결과가 나왔다. 설탕이 기업의 생산 모델, 노동력, 공정 개조, 노동자 에너지 공급 등과 같은 핵심 문제의 해결에 일조했기 때문이다.

영국의 저명한 경제학자 올리버 윌리엄슨Oliver Eaton Williamson은 설탕과 산업혁명의 불가분 관계에 대해 아래와 같이 말했다.

> "차와 설탕이 없었다면 영양이 부족한 식단을 먹는 공장 노동자들은 그렇게 열심히 일할 수 없었을 것이고, 인류 산업혁명의 발전은 이루지 못했을 것이다."

제2장

향긋한 차茶로 인해 발발한 전쟁

"밥 없이 사흘은 살아도, 차 없이는 하루도 못산다."

- 중국 속담

다도 문화로 발전한 동방의 잎사귀

인류 최초로 차를 발견한 이는 생강을 처음 알아낸 인물로도 유명한 신농씨神農氏(중국에서는 성이나 이름 뒤에 씨를 붙여서 표기하여 '신농씨'로 굳혀짐)였다.

수천 년 전, 무더운 여름날 오후. 인류 최초의 미식가이자 대단한 식탐의 소유자였던 신농씨는 산속을 거닐며 온갖 풀들을 맛보고 있었다. 갈증이 심해진 그는 물을 조금 끓여 마시기로 했다.

그때, 물이 끓고 있던 냄비 위로 작은 바람이 불어와 나뭇잎 몇 장이 떨어졌다. 이내 물은 색이 변하기 시작했고, 무엇이든 한 번쯤은 맛보기를 좋아했던 신농씨는 그 물도 예외로 두지 않았다. 그는 색이 변한

물을 한 모금 머금었고, 곧바로 그 맛에 놀라고 말았다. 맑고 향긋하며, 입안에 은은한 여운을 남기는 맛. 이것이 바로 인류 최초의 차 한 잔이었다.

하지만 이것은 단지 전설일 뿐이다. 차의 등장에 대한 진정한 기록은 2,000여 년 후 한나라 시대로 전해진다.

기원전 59년, 한나라의 학자 왕포王褒가 저술한 〈동약僮约〉이라는 글에는 차에 대한 기록이 남아 있다.

왕포가 쓰촨성 펑저우彭州시를 여행하던 중, 과부 양서杨舍의 집에서 노비들 사이에 다툼이 발생하자, 그는 집주인을 대신하여 노비의 의무와 금기에 대한 가법을 정해주었다. 그 가법에는 책임져야 하는 노동 계약에 관해 규정하고 있는데, 그중 다음과 같은 내용이 있다.

> "차를 끓이고 나면 다구를 깨끗이 씻어두고, 무양武阳에서 차를 사 온다."

이는 전 세계적으로 차와 다구에 관한 가장 초기의 기록으로 여겨진다. 책에는 차를 고르고, 우려내고, 따르는 방법 등이 자세히 설명되어 있다.

이 고증으로 쓰촨은 전 세계에서 가장 먼저 차를 마신 곳임이 입증되었다. 오늘날 청두의 거리 곳곳에 있는 찻집은 사실 깊은 역사적 연원을 가지고 있다.

명말 청초明末淸初의 사상가 고염무顧炎武는 『일지록日知錄』에서 "진나라 사람이 촉나라를 얻은 후부터 차를 마시기 시작했다."라고 저술하였다. 진시황이 촉나라를 통일하면서 쓰촨 사람들이 차를 마시는 법을 배운 것인데 이때부터 쓰촨은 주요 차 생산지가 되었다. 차의 음용이 사회의 일반적인 풍조로 자리 잡은 것은 이보다 더 늦은 당나라 때다.

당나라는 전성기에 이르러 세계에서 가장 넓은 영토를 지닌 나라이자, 가장 강한 국력을 자랑하며, 가장 많은 인구를 가진 국가였다.

절정기에 당나라의 총인구는 5천만 명을 넘어섰고, 수도 장안은 약 200만 명이 거주하는, 당시 세계 최대 규모의 도시로 번영을 누렸다.

당나라의 '차의 성인'이라 불리는 루위陸羽의 저서 『다경茶經』은 차를 체계적으로 논한 첫 번째 서적이다. 그는 세상 사람들에게 차를 선택하고, 끓이고, 시음하는 방법에 관해 설명하며, 차를 마시는 과정에도 많은 주의가 필요하다는 것을 알렸다.

『다경』에는 차의 재배와 가공, 끓이는 방법과 음용법은 물론, 차의 효능, 차 우리기에 가장 적합한 물, 끓이는 단계, 다기의 종류 등 차에 관한 크고 작은 모든 것이 상세히 설명되어 있다.

전설에 따르면, 루위는 물을 감별하는 능력이 뛰어나 수원水源의 종류뿐 아니라 물이 채취된 하천의 구간까지도 알아맞힐 수 있었다고 한다. 그가 남긴 가장 큰 업적은 단순히 갈증을 해소하기 위한 음료였던 차를 문화와 수양의 상징으로 격상시킨 데 있다. 이때부터 차를 고르고, 시음하고, 평가하는 일이 하나의 기술로 자리 잡기 시작했고, 점차 문인들의 사교 자리에서는 세련된 취미로 여겨지게 되었다.

**우아한 취미,
대박 사업이 되다**

　당나라 때 차를 마시는 사람이 점점 많아지면서 차 무역은 점차 수익을 창출하는 유망한 사업으로 변모했다. 당나라의 인구가 빠른 증가세를 보일 수 있었던 것은 모두 차의 유행 덕분이다. 차에는 고대의 소독제와 같은 강력한 항균 및 항염 효과가 있다. 차의 타닌산은 콜레라, 장티푸스, 이질 및 기타 질병을 유발하는 박테리아 제거에 효과적이다. 또한 <u>차를 우리는 행위는 사실 가장 초기의 정수 기술로, 세균을 죽이고 수질을 정화하면 세균 감염 확률과 사망률을 낮추어 결과적으로 평균 수명을 연장할 수 있다.</u>

　송나라에 이르러 차 문화는 더욱 대중화되고 성숙해졌다. 당나라 사람들이 찻잎을 물에 넣고 함께 끓인 후 마시는 것을 좋아했다면, 송나라 이후에는 물을 끓인 후에 차를 넣어 우려내는 방식을 선호했다.
　하지만 원나라가 들어서고 몽골인이 중원에 입성한 후, 황실과 관료들의 차 마시는 풍조는 점차 쇠퇴했다. 초원 유목 민족인 몽골 사람들은 조용히 앉아 차를 마시는 것보다 광활한 초원에서 말을 타고 달리는 것을 더 좋아했기 때문이다. 말을 몰고 달리며, 세상의 번영을 함께 즐긴 다음 큰 사발로 술을 마시고, 큰 덩어리의 고기를 뜯어 먹고, 영토를 확장하는 것, 이것이 그들이 세상을 사는 방식이었다. 그들은 예술적인 느낌의 다도에는 별로 관심이 없었다. 몽골 민족이 가장 좋아하는 음료는 말의 우유를 가죽 주머니에서 넣어 발효시킨 독주, '마유주'이다. 마유주는 육포와 함께 몽골 제국 원정의 필수 군수품이었으며, 차보다 훨씬 더 몽골인들의 입맛에 적합한 음료였다.

14세기에 원나라가 멸망하고 명나라로 교체되면서 차 문화는 다시 유행하기 시작했다. 100년 동안 자취를 감추었던 차 문화는 강력한 생명력을 보이며 다시 대중의 사랑을 받았다.

일본 역시 세계적인 차의 나라로 불릴 만큼 차 음용을 즐긴다. 1191년, 일본의 승려 에이사이明菴榮西 선사가 중국 유학 후 차의 씨앗을 가지고 온 뒤로 일본에 차가 도입되었다. 에이사이 선사는 씨앗과 함께 차의 재배, 수확, 제조, 조리에 대한 체계적인 지식을 함께 들여왔다. 당시, 일본 가마쿠라 막부의 제3대 쇼군 미나모토노 사네토모源実朝가 와병 중일 때, 에이사이 선사가 차를 끓여 그의 치료를 도왔다. 공교롭게도 뛰어난 찻잎의 효과로 쇼군의 건강은 회복되었고, 이 일을 계기로 그는 차 음용 문화의 확산을 적극적으로 지원했다. 기후와 토양 모두 차 재배에 매우 적합한 일본은 이때부터 전국적으로 차를 재배하고 마시기 시작했다.

현재 일본의 차 사랑은 그 어느 나라에 못지않으며, 자국 고유의 미의식과 결합해 '다도茶道'라는 독자적인 예술 형태로 발전시켰다. 일본의 다도는 단순한 갈증 해소를 넘어서 정교한 예술적 행위가 되었다.

명·청 시대, 외교를 위한 나뭇잎 흥정 카드

금속 화폐가 나오기 전 초기 인류는 조개껍질, 깃털, 소금, 곡식, 담배, 동물 가죽, 옷감, 농기구 같은 물건을 화폐처럼 사용했는데 이를 '물품 화폐'라고 한다. 이후 금, 은 등으로 주조한 주화와 금속 화폐로 발전하였는데, 차도 한때는 물품 화폐로 널리 유통되었다.

오랫동안 중국은 세계에서 가장 유명한 차 생산 국가였다. 차는 중독성이 있지만 다른 많은 중독 물질과 달리 몸에 해를 끼치지 않는다. 그래서 사람들에게 차는 '인체에 유익하고 해가 없는 것'으로 인식되었다. '중독되기 쉽다, 하지만 유익하고 해가 없다'라는 이 두 가지 장점은 차를 희귀하고 완벽한 상품으로 만들었다. 이로 인해 당나라와 송나라 시기에 차는 이미 국가 전략 물자가 되어 이웃 나라와 교역할 때 사용되었다. 그중에서도 가장 유명한 것이 '차마무역茶馬貿易'이다.

    당나라와 송나라 시기, 중국은 심각한 말 부족에 시달렸다. 원래 중국은 기후와 지형상 말 사육에 적합하지 않아, 전쟁에 사용할 군마는 물론이고, 민간의 교통수단이나 화물 운반에 쓸 말조차 충분히 확보하지 못했다. 이에 따라 중국은 일찍부터 유목 민족과의 교역을 통해 말을 확보하려 했다.

    당나라 이전에는 주로 비단과 유목 민족의 말을 교환했다. 당나라가 들어선 이후 유목 민족들은 비단보다 차를 더 선호했고, '차마무역'은 이러한 배경에서 시작되었다. '차마 무역'을 통해 당나라는 전쟁에 사용되는 군마를 얻었고, 유목민들은 찻잎을 얻었다. 상대국은 찻잎이 생겨 즐겁고, 자국은 군마가 생겨 국방을 강화할 수 있어 즐거운, 서로 윈윈하는 교역이라고 할 수 있다.

    그런데 당나라 이후 시기의 유목 민족들은 무슨 연유에서 비단보다 차를 더 선호하게 되었을까? 이에 대한 답은 태종의 딸, 문성공주文成公主에게 있다.

    641년, 문성공주는 토번(티베트왕국)의 왕 송첸캄포松贊干布와 결혼했다. 당나라의 황실 여인이자 문화 사절이기도 했던 그녀는 토번으로 출발할 때 찻잎을 가져가 차 문화를 토번에 도입시켰고, 그녀가 토번에 자리 잡은지 100여 년 후, 토번국과 몽골 접경 지역에서는 차 마시는 풍습이 하나의 유행이 되었다. 이 지역들은 모두 고대 명마의 생산지였다. 그래서 찻잎은 단순한 상품이 아니라 점차 민족 간 교역에 있어 중요한 외교 협상의 흥정 수단이 되었다. 차를 생산할 수 없는 유목 민족은 점점 찻잎에 의존하였고, 이는 당나라가 이들 민족에 대한 우위를 점할 수 있는 결정적 수단이 되었다.

당나라가 위치한 중원 지역은 유일한 찻잎 생산지로 찻잎의 수출 권한은 모두 당나라 왕조가 쥐고 있었다. 당나라는 찻잎 무역에서 유목 민족의 숨통을 조여 그들이 중원을 침략하지 못하게 만들었는데 이때 문성공주가 큰 공을 세웠다.

문성공주가 유입한 차 문화는 단순한 풍습을 넘어 유목민들이 차에 '의존'하게 만든 강력한 문화적 무기였다. 결국 유목민들은 교역 협상테이블에서 불리한 위치에 처했고, 우수한 명마를 직접 가져다 바치는 수준에 이르렀다. 문성공주는 토번을 비롯한 주변 지역에서 당나라의 '트로이 목마' 역할을 톡톡히 해낸 인물이 되었고, 이후 차에 중독된 토번 사람들은 협상테이블에서 힘을 쓰지 못하고 끌려다니게 되었다.

군사적·정치적 핵심 통로, '차마고도'

당나라의 문성공주와 한나라의 외교관 장건張騫은 중국 역사상 가장 이른 시기의 수출입 무역 촉진자라고 할 수 있다. 문성공주는 국경을 넘어 유목민에게 차 문화를 전파함으로써, 중독되도록 만들었다. 그녀는 한 명의 병사도 동원하지 않고도, 평화적 전략으로 외교 협상에서 우위를 점한 것이다.

한편 장건은 오늘날의 표현을 빌리자면 해외의 '직구'를 담당하며 미식가들이 끊임없이 찾는 식재료인 호두, 참깨, 석류, 포도, 마늘, 고수 등을 들여왔다. 이러한 재료들이 존재하지 않았다면 우리의 식생활은 몹시 단조롭고 지루했을 것이다. 그런 점에서 그의 역할은 결코 작지 않다.

송나라 시대에 들어서면서, 차와 말의 교역은 더욱 중요해졌고, 이를 전문적으로 관리하는 '차마사'가 쓰촨성에 설치되었다. 차마사는 매년 약 3천만 근의 찻잎과 15,000여 필의 군마를 교환하며, 송나라의 국방력 강화를 돕는 중요한 역할을 했다. 이 무역로는 송나라의 군사와 정치에 있어 핵심적인 통로가 되었으며, 바로 그 유명한 '차마고도'로 이어졌다.

차마고도는 중국과 티베트, 인도를 잇는 전근대의 중요한 무역로로, 윈난성, 쓰촨성에서 출발해 티베트를 거쳐 인도의 벵골과 네팔까지 이어졌다. 이 무역로는 실크로드와 함께 고대 중국의 문화 교류에 중요한 역할을 하였으며, 차와 말이 오가는 교역로로서 그 역사적 의의가 깊다. 먹고 마시는 것과 관련된 문제는 외교 협상에 있어 이렇듯 강력한 힘을 발휘할 수가 있다.

송나라, 원나라, 명나라의 조정은 빈번히 화폐 개혁을 단행하여 자국 통화의 가치를 떨어뜨렸다. 정보를 빨리 접하는 도성 가까운 곳에 거주하는 사람들은 손에 든 헌 지폐를 재빨리 금은보화로 바꿔 그 가치를 보존할 수 있었지만, 이에 비해 정보를 쉽게 접할 수 없는 외딴 산간 지역의 백성들은 종종 더 늦게 화폐 개혁 소식을 듣게 돼 수중의 돈은 하루 아침에 휴지 조각이 되어버리기 일쑤였다. 그러니 도성에서 멀리 떨어진 지역일수록 지폐 소장에 대한 위험 부담은 더 클 수밖에 없었다.

중국의 찻잎 무역 규모는 계속 확대되었고, 차 상인들은 거래를 할 때 대량의 돈을 휴대해야 했다. 하지만 이는 불편할 뿐만 아니라 매우 위험했다. 이러한 문제를 해결하기 위해 벽돌 모양으로 압축한 찻잎인 '전차砖茶'가 물품 화폐로 사용되기 시작했다. <u>'전차'는 무게가 가볍고, 휴대하기 쉬우며, 찻잎 자체가 오래도록 가치가 유지되는 보존형 상품</u>이라는 장점이 있었다. 따라서 전차를 소유한 사람은 찻잎이 지폐처럼 순간적으로 가치가 떨어질까 염려할 필요가 없었다. 오히려 중국인들이 숙성된 차와 술을 좋아하는 덕에 전차는 시간이 지남에 따라 가치가 상승할 가능성도 있었다.

외진 지역일수록 교통이 불편해 전차의 유통량이 적어 희소성 면에서도 더 높은 가치를 인정받았다. 이런 배경 속에서 전차는 '황금 차'라는 별칭으로 불리며, 실제로 금이나 은에 필적하는 교환 가치를 지니게 되었다.

근현대까지 중앙아시아 국가들의 일부 낙후된 산악 지역에서는 전차를 화폐로 사용했다. 그곳에서 전차는 가축 구매와 소비재 거래에 널리 사용되는 물품 화폐로 기능했으며, 점차 신뢰할 수 있는 교환 수단으로 자리 잡았다.

　송나라는 중국 고대에 드문 개방형 국가로, 정국이 안정되어 있고 정책이 유연한 나라였다. 사람들은 상인의 지위를 높게 인정했으며, 이런 분위기 속에서 차 무역과 같은 실물 교환 중심의 상업이 활발히 발전할 수 있었고, 전차의 활용 또한 그에 따라 확산될 수 있었다.

　비즈니스에는 소통이 필요하다. 오늘날에도 사람들은 종종 비즈니스상의 이야기를 카페에서 논의하는 것을 즐긴다. 고대 송나라 사람들 역시 차를 마시며 사업 이야기를 하는 것을 즐겼다. 그래서 찻집은 항상 문전성시를 이루며 협력과 인맥의 장이 되었다. 당시 북쪽의 요나라와 금나라 지역에서도 차를 마시며 이야기를 나누는 풍습이 있었는데, 이 두 지역에서는 차가 생산되지 않았다. 그들이 소비하는 차는 모두 송나라에서 수입해야 했고, 금나라에서는 매년 30만 냥 이상의 은자를 지불해야 했다.

　1222년, 금나라의 선종은 이러한 상황을 심각하게 받아들였고, 국부의 유출을 막기 위한 방안으로 민간의 차 음용을 전면 금지하는 법령을 공포했다. 또한 상인들이 송나라로부터 차를 구매하거나 밀무역을 하는 행위 역시 엄격히 금지하였다. 이는 단순한 소비 규제가 아니라, 송나라와의 교역 구조 속에서 금나라의 경제적 자립을 도모하려는 강경한 보호무역 조치였다.

　하지만 선종은 아마도 경제를 제대로 몰랐던 것이 분명하다. 금지령이 내려진다고 해서 사람들의 차 문화는 즉시 사라지지는 않는다. 차에는 카페인과 테오필린theophylline이 다량 함유되어 있는데, 이러한 물질은 사람들에게 행복감과 즐거움을 가져다주는 자극성 물질로 분류된다. 이러한 중독성의 문제는 결코 금지령과 같은 명령으로 해결될 수 있는 것이 아니다. 따라서 차에 대한 수요가 사라지지 않은 상태에서 일방적으로 공급이 중단된다면, 이는 가격 상승과 밀수 활동을 부추기는 행위를 낳게 된다.

중독성이 있는데 인체에 해가 없다면 이는 가장 완벽하고 이상적인 상품이다. 중독 물질의 매력은 뇌를 반복적으로 자극하여 무작위적인 즐거움을 주는 것이다. 이렇게 보면 차는 몸에 해를 끼치지 않으며 즐거움을 선사하는 유일무이한 상품이다.

찻잎은 한 나라의 전략적 무기가 되어 외교 협상에서 우위를 점했다. 식음과 관련된 문제는 거대한 협상력을 갖게 되는데 이 거대한 힘은 교역에 참여한 양국 간의 힘의 균형에도 무서운 영향을 미칠 수 있다.

독점과 밀수, 명나라 시장 경제의 승리

 찻잎이 이렇게 많은 돈을 벌어다 주니 명나라 왕조는 슬슬 나쁜 생각들이 떠오르기 시작했다. 환관 무리가 주요 보직을 꿰차고 앉아 정사를 돌보는 명나라 조정은 결국 찻잎과 관련된 사업을 독점하여 직접 경영에 나서고 백성들과 이익을 다투기로 했다. 이에 조정은 "차마 무역이 국가급 전략 무역이라 국가만이 이 무역을 진행할 수 있다."라고 발표했다. 허가 없는 차마 거래 행위는 모두 불법에 해당하였다.
 명나라 헌법 '대명률大明律'에는 다음과 같은 조항이 명시되어 있었다.

- 찻잎 사업은 모두 국가가 독점해야 한다.

- 찻잎을 판매하려면 유통업자가 관청에 비용을 지급한 뒤, 차 판매 허가증인 '차인茶引'을 구매하여 허가된 수량에 따라 찻잎을 판매해야 한다.
- 차인을 위조했다가 적발되는 경우 참수되고 모든 재산은 몰수된다.
- 허가증 없이 영업하다 적발될 때는 100대의 곤장을 맞고 3년의 징역형을 받는다.

1397년, 안경공주의 남편 구양륜欧阳伦은 자신이 황제의 사위라 안심하고 찻잎 밀수 장사를 시작했다. 안경공주는 주원장(명나라의 초대 황제)이 가장 아끼던 터라 관리들은 모두 이를 못 본 척하고 길을 열어주었다. 하지만 부마의 찻잎 밀수는 결국 주원장에게 들키고 만다. 주원장은 사위에게 자비를 베풀지 않고, 그를 처형하라고 명령했다. 그와 함께 밀수에 가담한 사람들까지 모두 참수하여 백성들에게 일벌백계를 보여주었다.

주원장이 찻잎 밀수를 엄격히 단속한 데에는 분명한 이유가 있었다. 당시 찻잎은 단순한 기호식품이 아니라, 국가 안보와 직결된 전략 물자로 여겨졌기 때문이다.

<u>찻잎은 군마 확보를 위한 주요 교역 수단으로 활용되었으며, 특히 유목 민족과의 외교·군사적 거래에서 핵심적인 협상 도구였다.</u>

문제는 찻잎이 민간에서 무분별하게 밀수되어 일상적인 생활용품과 교환되기 시작하면서 발생했다. 유목 민족들이 금이나 은 대신, 천이나 소금, 가죽, 도자기 같은 일상 물품만으로도 찻잎을 구할 수 있게 되면,

더 이상 군마와 교환할 필요가 없어지게 된다. 이는 국가가 그토록 공을 들여 유지해 온 '차마 무역 체계'의 근간을 흔드는 일이었다.

좋은 강철은 칼날에 사용되어야 한다. 주원장은 찻잎의 지위를 명확히 파악하고 있었다. 그는 소금보다 찻잎을 더 엄격하게 통제했다. 물론 이 둘의 차이점은 분명히 있다. 소금 통제는 국내 내수 유통의 통제를 목표로 하지만, 찻잎 통제는 국가 간의 무역을 제한하는 것이다.

조정은 찻잎 거래를 독점했을 뿐만 아니라 개인의 찻잎 사재기 행위도 금지했다. 명나라 법령에는 "한 달 이상 사용분의 비축을 허가치 않으며, 이를 초과할 시 관청에 팔아야 한다."라고 규정하고 있다. 이는 민간 상인의 매점매석 금지를 의미한다.

밀수거래의 유혹에 빠진 시장

명나라는 찻잎 무역권을 독점한 후 가격을 인상하고, 말의 비용은 낮추어, 찻잎과 말의 거래 가격을 조작했다. 이는 오늘날 두 나라 간의 통화 환율을 조작하는 것과 유사하다. 이에 따라 북방 유목 민족들은 불만을 품게 되었지만, 명나라가 유일한 찻잎 교역국이었기에 울며 겨자 먹기로 따를 수밖에 없었다.

명 태조太祖 집권 시기에는 변방의 최상급 말 한 필을 찻잎 120근과 바꿀 수 있었지만, 신종神宗 때에 이르러서는 최상급 말 한 필이 찻잎 90근, 중급 말 한 필은 60근, 하급 말 한 필은 45근과 바꿀 수 있었다. 이를 통해 몇 년 사이에 말의 가격이 심각하게 하락했음을 알 수 있다.

명나라는 찻잎값을 올리고 말값을 낮추는 방식으로 폭리를 취했다. 하지만 유목 민족은 바보가 아니었다. 그들은 점차 공식적인 찻잎 거래를 줄이고 민간에서 찻잎을 밀수 거래하기 시작했다. 이로 인해 차마무역은 빠르게 쇠퇴했다. 명나라 국고에는 찻잎이 남아돌았고, 결국 관리들의 봉록으로 지급할 수밖에 없었다.

안타까운 것은 명나라 공직자들의 처지가 꽤 궁상맞았다는 것이다. 영락제 시기에는 정화鄭和의 대원정으로 받은 지역 특산품을 봉록으로 받았는데, 이제는 창고에 남아도는 찻잎으로 받아야 하니 말이다. 명나라의 관리들은 영락제 시기와 다름없이 똑같이 노점을 열고 물건을 팔아 남은 돈으로 가족을 부양하는 신세를 면하지 못했다.

이웃 나라의 차 중독은 저절로 사라지지 않았지만, 공식적인 차마 거래는 점점 쇠퇴하였다. 이는 반대로 민간에서 이루어지는 찻잎 밀수 사업이 불처럼 번창했다는 의미이다. 비록 조정에서 찻잎 밀수에 대한 형벌을 매우 가혹하게 집행했지만, 높은 수익을 가져다주는 밀수는 멈출 수 없었다.

<u>가격은 사람의 행동을 변화시키고, 높은 수익은 상인들을 유혹하여 위험을 무릅쓰게 만든다. 마치 예전에 향신료를 찾으러 바다로 나갔던 모험가들처럼, 이윤은 영원한 원동력이 된다.</u>

중국 문화의 길을 터준 차마고도

1465년, 명나라 조정은 더 이상 민간의 찻잎 밀수를 막을 수 없다는 사실을 깨닫고 이를 합법화하여 자유롭게 찻잎을 사고팔 수 있도록 허용했다. 차 산업은 그때부터 비독점 산업이 되었고, 민간 상인은 아무런 제약 없이 무역에 종사할 수 있게 되었다.

새로운 정책의 시행으로 조정은 세금을 부과할 수 있는 민간의 찻잎 거래를 장려했다. 상인들은 생산지에서 차를 구매하며, 그중 40%는 관청에 세금으로 납부하고, 나머지 60%는 자유롭게 사고팔았다. 이로부터 차마 무역은 공식적으로 관영에서 민영으로 변경되었다. 비록 세율은 상당히 높은 편이었지만, 그래도 상인들에게는 여전히 이윤이 남는 장사였다.

차마 무역의 민영화 이후, 상인들은 돈을 벌 기회가 도래했음을 본능적으로 감지했다. 찻잎 무역이 다시 번창하면서 점점 더 많은 사람이 무역업에 뛰어들었다. 국경으로 통하는 차마고도는 다시 활기를 띠었고, 유목민들은 더 낮은 가격의 차를 얻을 수 있었다.

차마고도를 넘어 전해지는 것은 비단 찻잎뿐만이 아니었다. 상업과 문화는 거의 동시에 전파된다. 고대의 차마고도를 통해 중앙아시아 일대 국가의 비단, 옷감, 동충하초, 사프란 등이 들어오기 시작했고, 티베트 불교가 전파됐다.

비단, 도자기, 찻잎은 중국이 중앙아시아와 서방 지역으로 수출한 가장 대표적인 품목으로, 이들은 오랜 세월 동안 중국의 부와 문명을 세계에 알리는 핵심 수단이었다. 특히 차는 단순한 음료가 아니라, 이를 즐기기 위한 찻주전자, 찻잔, 다기 등과 함께 하나의 종합적인 문화로 자리 잡았다. 이 과정에서 중국 도자기는 세계적인 명성을 얻게 되었으며, 그 미적 감각과 실용성은 국제 무역에서 강력한 경쟁력을 발휘했다.

그중에서도 청화자기靑花磁器는 차 문화와 가장 조화로운 궁합을 자랑하는 도자기로 꼽힌다. 마치 가마에서 구워져 나오는 순간부터 차가 오기를 기다리고 있었던 것처럼, 청화자기는 그 정제된 아름다움과 실용성을 바탕으로 차 문화에 자연스럽게 스며들었다.

청화자기는 차와 함께 중국 문명의 정수를 상징하며, 실크로드를 통한 동서 교류의 결정적 매개체가 되었다. 이렇게 차와 도자기는 함께 어우러져, 중국 역사상 가장 눈부신 번영의 시기를 함께 피워 올린 문화의 쌍두마차였다.

이익을 위한 유럽의 각축전, 영란 전쟁 英蘭戰爭

1610년, 네덜란드 선단은 처음으로 찻잎을 상품으로 유럽에 선보였다. 그 당시 유럽은 이 평범하기 그지없는 나뭇잎에 아무런 흥미를 느끼지 못했다. 동양에서 왔다는 말린 나뭇잎을 굳이 왜 물에 우려 마셔야 하는지 이해할 수 없었던 유럽인들은 '차'라는 상품에 대해 그 어떤 기대도 하지 않았다. 그래서 처음 유럽 땅에 도착한 '차'는 유럽인들에게 주목을 받지 못했다.

유럽에 제일 먼저 수입된 찻잎은 녹차였다. 녹탕녹엽 綠湯綠葉의 녹차와 홍탕홍엽 紅湯紅葉 홍차의 차이점은 바로 찻잎을 가공하는 공정에서 비롯된다.

녹차는 선연한 녹색을 유지하기 위해 신선한 찻잎을 따서 바로 뜨거운 솥에서 볶거나 증기를 쬐어 수분을 없앤 후 자연 건조를 통해 산화의 진행을 막는다. 이 공정으로 녹차에 함유된 천연 물질이 잘 보존돼 우려낸 찻물의 색은 영롱한 초록빛을 띤다. 대표적인 녹차로 서호용정과 죽엽청이 있다.

홍차는 일정 시간 동안 찻잎을 널어놓아 찻잎의 수분을 제거한 뒤 발효와 건조의 과정을 거쳐 완성하는 제품이다. 찻잎에 함유된 폴리페놀이라는 성분은 효소적 산화를 거쳐 테아플라빈과 테아루비긴과 같은 향기로운 물질을 생성한다. 이 물질의 비율에 따라 홍차의 맛과 색이 결정되는데, 녹차보다 홍차는 맛이 더욱 진하고, 우려낸 찻물은 붉은색을 띤다. 대표적인 홍차로는 기문홍차 祁门红茶와 정산소종 正山小种 등이 있다.

물론 세계 최대의 차 생산지인 중국의 차 종류는 매우 다양하다. 녹차와 홍차, 이 두 가지 외에도 보이차, 우롱차, 백차, 흑차 등이 있다.

명나라 시기에는 대부분 녹차만 마셨고, 발효 과정을 거친 홍차는 인기가 많지 않았다. 당시 사람들은 홍차가 품질이 낮다고 여겨 차를 모르는 외국인들이나 홍차를 마시는 것으로 생각했다.

동양의 작은 찻잎, 유럽으로 날아가다

찻잎이 유럽에 진출하는 데까지는 많은 우여곡절이 있었다. 네덜란드 사람들은 처음에 찻잎을 약재로 사용했다. 어떤 의사는 찻잎에 독성이 있다고 주장하기도 했다. 오랜 운송 과정에서 변질되고 독성이 생겨 중독으로 사망할 수 있으며, 특히 노인들은 이에 더 취약하다며 차의 음용을 강력히 반대했다.

또 다른 네덜란드 의사 니콜라스 튈프Nicholas Tulp는 '차가 건강에 매우 유익하다'라며 위와 상반된 견해를 보였다. 그는 1641년에 출판된 『의학론Observationes Medicae』에서 "차를 꾸준히 마시는 사람들은 모두 무병장수한다. 육체에 활력을 주기 때문에 세상 그 어떤 것도 차와 비교할 수 없다."라며 모든 사람에게 차를 마실 것을 권장했다.

1650년에 유럽인들은 점차 차를 받아들이기 시작했고 차를 마시는 방법에도 다양한 변화를 주기 시작했다. 차에 설탕을 넣거나 우유를 첨가하는 것을 시도해 보다가, 오늘날에도 여전히 인기 있는 밀크티를 발명하기에 이르렀다.

프랑스 귀족들은 밀크티를 매우 좋아했다. 그들은 밀크티가 위장 기능을 활성화한다고 믿었다. 우유와 차를 혼합하면 더욱 향기로워질 뿐만 아니라 풍미가 증진된다. 하지만 프랑스의 차 마시기 열풍은 오래지 않아 이후에 등장한 커피로 대체되었다.

그와 달리 차 문화가 뿌리를 내리는 데 결정적 역할을 한 나라는 영국이었다. 유럽 전역이 차에 대해 큰 관심을 보이지 않던 시절에도, 유독 영국인들만은 차를 깊이 사랑했고, 차는 단순한 음료를 넘어 영국 사회의 일상과 문화를 형성하는 핵심 요소가 되었다.

이 시기에 등장한 것이 바로 영국 동인도 회사East India Company였다. 이 회사는 찻잎 무역을 통해 막대한 이익을 거두었고, 특히 청나라 각지에서 수집한 차와 도자기를 영국 왕실에 헌상함으로써 왕실의 환심을 사는 데 성공했다. 그 대가로 동인도 회사는 상상을 초월하는 특권을 부여받았다. 여기에는 무역독점권은 물론, 식민지 관리, 화폐 발행, 군대 보유, 전쟁 선포 및 협상, 사법 면제에 이르는 사실상 '국가 수준'의 권한이 포함되어 있었다.

1705년 영국 동인도 회사는 더욱 신속한 찻잎 수입을 위해 청나라에 찻잎 무역을 위한 거점 기지를 설립했다. 이 전략은 대단한 성공을 거두어 영국 차의 수입량이 폭발적으로 증가하기 시작했다. 규모의 경제 효과로 인해 수출량 증가에 따라 운송 비용은 지속적으로 감소하였고, 찻잎의 소매 가격이 지속 하락하여 더 많은 영국인이 차를 소비하게 되었다.

<u>차와 실크, 도자기는 청나라가 유럽으로 수출하는 세 가지 핵심 상품</u>이 되었다. 찻잎의 연간 수출량은 약 6,000t에 달하며 영국 동인도 회사의 주요 수익원이 되었다. 절정기에는 영국 동인도 회사의 연간 매출의 70%를 차지하였다. 영국 왕실도 찻잎 수입에 세금을 징수하여 막대한 세수입을 확보하였다. 당시 영국 GDP의 약 12%는 매년 찻잎에서 거두어들이는 세금에서 나왔다.

영국과 네덜란드의 찻잎 전쟁

찻잎의 경제적 가치를 알아본 나라는 영국만이 아니었다. 네덜란드도 당시의 막강한 해상력을 보유한 강대국으로서 영국과 유럽의 찻잎 시장을 놓고 경쟁해 왔다. 네덜란드가 청나라에서 수입한 대량의 차는 유럽 각국에 판매되었고, 심지어 영국 본토에도 헐값에 대량으로 팔았다. '해상의 마부馬夫'로 불리던 네덜란드는 오랫동안 해상 물류에 집중해 왔기에 운송비에서 영국보다 훨씬 유리한 위치에 있었다. 이 덕분에 저렴한 가격의 네덜란드산 차는 영국 시장을 강타했고, 결국 영국은 큰 폭의 시장 점유율을 잃게 되었다.

1652년 5월, 오랜 갈등이 쌓여온 영국과 네덜란드의 해군 함대가 마침내 도버 해협에서 충돌하며 전면전에 돌입했다. 이 전쟁은 이후 132년에 걸쳐 네 차례나 이어졌으며, 역사상 '영란 전쟁Anglo-Dutch Wars'으로 기록된다.

전쟁의 승자는 영국이었다. 강력한 해군력을 기반으로 영국은 네덜란드를 압도했고, 그 결과 네덜란드의 상품, 상선, 식민지를 전리품처럼 가져가며 당시 세계 무역의 최강자였던 네덜란드의 지위를 무너뜨렸다.

이로써 영국 동인도 회사에 더 이상 견제할 경쟁자는 남지 않았다. 독보적인 무역권을 확보한 동인도 회사는 유럽 전역의 찻잎 시장을 완전히 독점했고, 유럽에 유통되는 대부분의 차는 영국 동인도 회사의 손을 거쳐야만 했다. 런던을 비롯한 유럽의 주요 도시 곳곳에는 영국 찻잎 상점이 문을 열었고, 점포마다 인산인해를 이루며 차 쇼핑은 하나의 유행이자 문화 현상으로 떠올랐다.

특히 영국인들은 청나라의 도자기에도 매료되었는데, 찻잎을 구입할 때 반드시 다기 세트를 함께 구매하곤 했다. 우아한 청화자기 잔에 담긴 차 한 잔은 단순한 음료가 아니라, 세련된 취향과 계급을 상징하는 고급문화의 표현이었다. 이로써 차를 마시는 것은 귀족들의 사교 수단이자 품격 있는 취미가 되었다.

이러한 문화적 흐름 속에서 아메리카 대륙에서 수입된 설탕과 중국에서 들여온 찻잎은 영국 런던에서 만나, 감미롭고도 낭만적인 하나의 전통을 탄생시켰다. 바로, '애프터눈 티Afternoon Tea' 문화다. 이 시간은 단순히 차를 마시는 것이 아니라, 미식과 예술, 우아한 대화가 어우러진 영국 특유의 문화 행사로 자리 잡았다.

한 영국 시인은 차에 대해 이렇게 평가했다.

> "영국인의 신체 구성 요소 중 가장 큰 부분을 차지하는 게 물이라면, 그 다음은 차일 것이다."

동양에서 온 이 신비로운 나뭇잎은 험난한 길을 거쳐, 영국인의 핏속에 깊이 녹아들었다.

찻잎이 불러온 치욕의 아편전쟁

당나라 태종 이세민이 이룩한 태평성대는 '정관지치貞观之治'라고 하고, 청나라 왕조의 강희제·옹정제·건륭제가 통치한 134년 기간을 중국 봉건왕조의 태평성대라 하여 '강건성세康乾盛世'라 부른다. 이 두 단어는 중국 고대 경제 문화의 전성기를 대표하는 말로 쓰인다. 그런데 정말 이 단어가 역사적 사실에 근거해서 만들어진 말일까?

당나라 태종이 정말로 강력한 국력과 경제적으로 번성한 태평성대를 이루었는지 아닌지는 고증할 자료가 없지만, 청나라 시기에는 사진과 기록들이 많이 남아 있어 '강건성세'라는 말이 무색하다는 것이 이미 충분히 증명되었다.

당시 청나라의 국력은 이미 쇠했고, 온 나라는 폐쇄된 채 고립되어 백성들은 생계를 유지할 수 없는 상황이었다. 강건성세는 사실상 지배층의 성세일 뿐이었으며, 그들의 부의 축적은 농민과 수공업자들의 수탈로 이루어진 것이다. 많은 백성이 굶어 죽어 나가는 시기에 이루어진 태평성세라는 뜻에서 이 시기를 '기아의 성세'라고도 부른다. 이 시기, 인구가 가장 많았던 쓰촨성이 건륭제가 즉위한 지 30년 만에 350만 명에서 95만 명으로 인구 감소를 보였다. 한 명의 장군이 세운 혁혁한 전공은 결국 수많은 병사의 백골로 쌓아 올린 것이듯, 황제의 성공적인 업적은 모두 백성들의 고혈로 이루어진 것이다.

건륭제의 안하무인으로 인한 수교 단절

1790년 건륭제의 팔순 생일, 베이징에는 성대한 생일잔치가 열렸다. 주변의 크고 작은 나라에서는 모두 사신단을 파견하여 이를 축하했다. 그리고 1793년, 영국 국왕 조지 3세 역시 건륭제의 82세 생일을 축하하기 위해 사절단을 보냈는데 이 인물이 바로 매카트니Macartney였다. 그리고 이로 인한 사건이 역사상 유명한 '매카트니 사절단 방중'이다.

매카트니는 당시 산업혁명의 선두주자였던 영국을 대표해 최신 기술인 증기 기관, 방적기, 회중시계, 망원경, 화기 등을 포함한 진귀한 선물을 준비했고, 조지 3세는 영국 군함 모형을 건륭제에게 선물하며 영국의 군사력과 해상 기술력을 간접적으로 보여주고자 했다.

매카트니 경은 웅장한 자금성에서 연로한 건륭제를 만났는데 뜻밖에도 양측의 만남은 그리 유쾌하지 않았다. 알현謁見 의례에 있어 큰 의견 차이를 보인 것이다.

건륭제는 사절단이 '삼궤구고두三跪九叩頭', 즉 세 번 무릎을 꿇고 아홉 번 머리를 조아리는 전통적인 조공 사절 예법을 따를 것을 요구했다. 이는 중국 황제의 권위를 인정하고 복속을 의미하는 의식이었다. 하지만 매카트니는 이를 영국의 주권과 국왕의 위신을 해치는 행위로 보았다. 어떠한 영국의 국왕도 자신에게 무릎을 꿇을 것을 강요하지 않는데, 타국의 황제에게 무릎을 꿇을 필요는 없다고 판단한 것이다. 그는 결국 누구에게도 무릎을 꿇지 않겠다고 고집했다.

건륭제는 이를 매우 불쾌하게 받아들였다. 그는 평생 단 한 번도 자신 앞에 무릎을 꿇지 않은 이를 본 적이 없었기 때문이다. 팽팽한 실랑이 끝에 모두 한 걸음씩 물러서 매카트니는 건륭제에게 한쪽 무릎만 꿇고 인사를 올렸다. 이 타협은 겉으로는 체면을 지킨 조치였지만, 실질적으로는 양국의 근본적인 시각 차, 즉 중화적 국제 질서와 서구적 국제 질서의 차이를 보여주는 상징적인 장면이었다.

감정이 상한 건륭제는 매카트니 사절단이 가져온 선물에 눈길도 주지 않고 창고에 넣어버렸다. 건륭제의 눈에 생전 처음 접하는 외국의 이런 기괴한 물건들은 진주, 마노, 옥보다 가치 없어 보였다. 또한 그는 세계 어느 나라도 청나라 제국에 필적할 수 없다고 여겼기에, 사신단이 전한 영국 국왕의 교역 제안에 코웃음을 치며 이렇게 말했다.

"대청 제국은 땅이 넓고, 없는 물건이 없다. 자급자족이 가능한 대제국이라 당신들 같은 약소국과 교역할 필요가 전혀 없다! 문을 열어 새로 사고 싶은 물건도 없고, 우리의 귀한 물건을 팔아 돈을 벌고 싶은 생각도 없다. 더욱이 영국이란 나라에 이따위 쓸모없는 작은 물건들만 있다면, 우리 대청 제국과 교역을 할 수도 없다. 우리 하나만으로도 충분하지만, 만약 영국이 청나라에 귀순하기를 원한다면 그것은 고려해볼 수는 있을 것이다."

건륭제는 위와 같이 말하고 다시 한번 조지 3세에게 편지를 보내 자신의 뜻을 전했다.

세상이 어떻게 돌아가고 있는지 전혀 모르던 건륭제는 세계가 이미 그의 인식을 뛰어넘는 지경에 이르렀음을 알지 못했다. 청나라가 스스로를 최고라고 착각하는 사이, 이미 서구는 산업혁명으로 빠르게 전진하고 있었다. "시대가 건륭제를 버릴 때, 아무런 신호조차 주지 않았다."라는 말이 있을 정도로 해외 정세와 시대의 흐름을 오판한 그에게는 치욕의 시간이 다가오고 있었다. 건륭제는 편지 끝에 이렇게 남겼다.

"귀국이 대청 제국에 상주하는 인원과 시설의 파견을 제안했는데, 이는 실현되지 않을 것이오. 당신들은 우리와 체제가 다르고, 우리는 같은 부류의 사람이 아니니, 이 일은 앞으로 다시 거론할 필요가 없습니다."

건륭제의 오만함으로 청나라 발전의 호기는 사라졌다. 땅이 넓고 자원이 풍부해서 완전히 자급자족할 수 있으며, 이런 통상 수교 거부 정책을 통해 세계 강국의 지위를 유지할 수 있다는 생각은 당시 그만의 개인적인 생각이 아니었다. 청나라 조정의 많은 관료가 같은 생각을 하고 있었다. 청나라의 차는 끊임없이 전 세계로 수출되고 있으니, 이에 자신만만한 청나라는 유럽의 신기술에 전혀 관심이 없었던 것이다. 당시 유럽의 기술은 이미 청나라를 압도하고 있었는데, 외부 세계에 대해 아무것도 모르는 청나라인들은 여전히 자국이 세계 최강국이라고 고집하며 외국의 선진 기술을 단지 '조금 기발한 기술'이라 치부했다.

중국을 아수라장으로 만든 아편

영국의 동인도 회사는 청나라에서 찻잎을 구매할 때 모두 은으로 대금을 치러야 했다. 당시 청나라는 자국의 상품, 특히 차·비단·도자기 등에 대해 외국산 물품이 아닌, 오직 은으로만 거래하는 무역 정책을 고수했다. 이는 건륭제의 외교 정책과 맞물려 자급자족과 중화 중심의 무역 질서를 유지하려는 전략의 일환이었다.

영국의 입장에서 건륭제의 행동을 보면, 쇄국적이고 독선적인 청나라는 영국의 상품은 구매하지 않을 게 분명했다. 그렇다고 은으로 계속 찻잎값을 치른다면 영국의 무역 적자는 갈수록 심화될 수밖에 없었다.

찻잎 구매에 필요한 은의 양은 어마어마했고, 당시 은의 가치는 찻잎보다 더 빠르게 상승했다. 만약 이렇게 은으로만 찻잎을 구매한다면, 손실을 보는 상황이 되었다.

한 나라의 수입액이 수출액보다 크면 무역 적자이고, 반대로 수출액이 수입액보다 크면 무역 흑자이다. 영국은 찻잎을 대량으로 구매해야 하고 청나라는 영국 상품이 필요하지 않으니, 수입액이 수출액보다 많은 영국은 심각한 무역 적자가 초래될 수밖에 없다. 이에 따라 영국 국고의 은 보유량은 점점 줄어들고 있었다.

독일 학자 안드레 프랑크Andre Gunder Frank의 연구에 따르면 1500년부터 1800년까지 300년 동안 청나라로 유입된 은은 5만 1,000~7만 3,000t에 달했다고 한다. 찻잎에 대한 수요는 계속 증가하는데, 영국에는 은이 바닥을 드러내고 있었다. 영국은 청나라 사람들이 필요로 하는 상품을 팔아 은을 회수해야 했다. 이 난국을 타개할 방안을 강구하고 있을 때, 동인도 회사는 대청 무역 적자를 바꿀 비장의 카드를 찾아낸다. 그것은 바로 '아편'이었다.

아편, 즉 양귀비는 의료계에서 진정제의 일종으로 쓰인다. 사실 한나라 시절 장건이 서역에 사절로 파견되었을 때 아편을 가져온 적이 있으며, 당나라 사료에도 '양귀비'로 적힌 아편 수입 기록이 있다.

송나라 때 아편은 '쌀 주머니'로 명명되었다. 명나라가 조공 바치기 놀이에 심취해 있을 시절, 시암국(현 태국)은 아편을 즐겨 보냈다. 그들은 매번 명나라 황제에게 100kg의 아편을 진상했지만, 이는 황실에서 사용하기에 턱없이 부족했다. 그래서 황제는 환관을 민간에 보내 아편을 구매하게 했다. 만력제萬曆帝는 30년 동안 조정에 나가지 않고 궁에서 '단약丹藥'이라 불리는 불로불사의 약을 제조하고 복용하는 데 몰두했다. 그의 단약에는 대량의 아편이 포함되어 있었으며, 그는 직접 아편에 복福과 수명을 가져다준다는 뜻의 '복수고'라는 이름을 지어주었다. 다만 복수고는 만력제에게 복과 수명을 가져다주기는커녕 마약 중독으로 58세의 나이에 생을 마감하게 만들었다.

교묘하고도 악랄한 아편 교역

청나라 시기에는 이미 부자들이 아편을 피웠지만 그 숫자가 많지는 않았다. 당시 아편은 금과 은처럼 귀했고, 부유한 집안에서만 누릴 수 있는 사치품이었기 때문이다. 영국 동인도 회사는 이 기회를 놓치지 않았다. 아편을 시작으로 영국의 대청 무역 적자를 흑자로 전환할 계획을 세웠다.

당시 아편의 주요 재배지는 인도였으며, 인도 전역의 무역은 영국 동인도 회사가 장악하고 있었다. 미래의 아편 무역을 위해 영국 동인도 회사는 인도에서 대규모의 양귀비 재배 단지를 조성했는데 그들의 눈에 아편의 가치는 곧 은과 같았고, 반드시 청나라 왕조 교역에 유리한 통화가 될 것이라 여겼다.

영국 동인도 회사는 매우 영리한 전략을 썼다. 비록 아편 무역이 영국 정부의 암묵적 승인을 받았지만, 자칫하면 양국 간의 외교 문제로 번질 수 있다는 위험을 회피하기 위해 직접 수출이 아닌 제3국을 경유한 간접 수출 방식을 채택한 것이다. 구체적인 방법은 다음과 같다.

먼저 인도의 대규모 양귀비 단지에서 양귀비를 재배한 후 아편으로 가공한다. 그런 뒤, 인도 현지의 연례 경매에서 아편을 판매한다. 이 아편들을 구매한 주체는 인도의 민간 무역 회사들로, 그들은 구매한 아편을 다양한 경로를 통해 청으로 수출한다.

인도 무역상 역시 매우 교활했다. 이들은 해상 루트를 통해 아편을 광저우로 운송했지만, 광저우 본토에 상륙하지 않고, 인근 해역의 무인도에서 하역했다. 청나라 상인은 이곳에서 아편을 인수하고, 은으로 대금을 지불한 뒤, 어선을 이용해 본토에 다시 하역하고 전국으로 보냈다.

결과적으로 보면 인도와 영국 동인도 회사 중 누구도 아편을 직접 청으로 운송하지 않았다. 표면적으로는 위법 행위가 아닌 것이다. 이렇게 청나라로 아편이 대량 유입되면서 아편 가격이 크게 하락했다.

아편은 민간에도 퍼졌다. 백성들이 아편을 피우기 시작하자 아편 사용량은 전보다 100배나 증가했다. 청나라 황실부터 백성들까지 중독되지 않은 사람을 찾아보기가 힘들 정도였다. 1830년 한 해 동안 아편 소비량은 250배 증가하여 1,500t에 이르렀고 1790년부터 1838년까지 440,576상자의 아편이 들어와 이에 대한 대금만 은 2억 4천만 냥에 이르렀다. 영국이 찻잎 구매에 사용했던 은의 양을 이미 초과한 상태였다.

이처럼 아편 수입이 급증하면서 청나라의 무역 수지 구조는 완전히 역전되었다. 원래 청나라는 비단, 도자기, 차를 수출하며 은이 유입되는 무역 흑자 국가였으나, 1808년을 전후해 상황이 바뀌어 은의 수출국이 되고 말았다. 은은 매년 700만~800만 냥씩 빠르게 유출되었고, 이는 곧 청나라의 국가 재정과 경제에 직격탄이 되었다.

그 결과, 디플레이션 현상이 나타났다. 통화량의 감소로 인해 은의 가치가 지속적으로 상승하게 되었고, 상품 가격은 하락해 경제는 침체의 수렁으로 빠져들었다.

청나라 조정도 이 사태의 심각성을 알고 있었다. 남쪽 연해의 무인도와 항구들에서 아편 밀수가 공공연하게 이루어졌고, 부패한 관리들은 뇌물을 받고 묵인하거나 아예 밀무역에 가담했다. 상인들은 이미 각종 관리에게 뇌물을 퍼부어 놓았고, 광저우만灣은 아편 밀수선들이 끊임없이 오가는 밀무역의 중심지가 되었다. 간혹 검문·검색이 있긴 했지만, 그것은 단지 형식적인 보여주기에 불과했다. 그 누구도 실제로 이 거대한 밀무역 체계를 근절할 의지나 역량이 없었다. 이처럼 청나라 말기 조정은 부패, 무능, 경제 위기, 사회적 중독이라는 네 가지 재앙이 동시에 폭발하며 몰락의 길로 접어들게 되었다. 이 아편의 흐름은 곧 다가올 '아편전쟁'의 전조이자, 제국의 균열을 상징하는 가장 뚜렷한 경고음이었다.

아편에 중독된
청나라 백성을 구하라

　청의 조정은 아편 유입으로 발생한 은 유출이 국내에 디플레이션을 불러오고 있음을 분명히 인식하고 있었다. 하지만 해결책에 대해서는 의견이 엇갈렸다. 대신들은 주로 두 파로 나뉘었는데, 한쪽은 경제적 이익을 도모해야 한다는 관점에서 아편 무역을 아예 국가 주도로 바꾸고, 직접 양귀비를 재배하여 공급하자고 주장했다. 외국의 아편을 국내 생산 아편으로 바꾸자는 견해였다. 이미 많은 사람이 중독된 상태라 조정은 분명 많은 돈을 벌 수 있을 것이다. 그러나 반대편 대신들은 아편이 백성의 건강을 해친다고 생각해서 이를 강력히 반대했다. 만약 많은 백성이 아편을 지속해서 흡입한다면, 수십 년 후의 청나라는 적을 막을 백성도, 세금을 낼 백성도 남아나질 않을 것이라는 의견이다.

도광황제道光皇帝는 시비를 가리지 못할 정도로 어리석진 않았다. 결국 아편 판매를 단속하기로 했다. 흠차대신欽差大臣(청나라 관직명, 황제로부터 전권을 위임받아 특별한 임무를 수행하는 고위 관리)으로 임명된 임칙서林則徐는 광저우로 출발하기 전에 자신의 의지를 대외적으로 천명했다.

"이 땅에서 아편을 몰아내지 않으면, 돌아오지 않겠다. 이 일은 절대로 중단되지 않을 것이다."

1839년 6월 3일, 임칙서는 전 세계를 놀라게 한 '후먼虎門의 아편 소각 사건'을 직접 주도하였다. 그는 23일에 걸쳐 후먼 해변에서 압수된 아편을 모두 소각했는데, 그 양은 20,000상자 이상, 무게는 약 120만kg에 달했다. 이는 단순한 단속이 아닌, 청나라가 아편과의 전쟁을 선포한 정치적 상징 행위였다. 이는 영국에게 치명적인 경제적 타격이 되었고, 조용했던 긴장이 곧 폭발하게 된다.

그리고 얼마 지나지 않아, 영국 군인이 청나라 백성을 살해하는 사건이 발생했다. 임칙서는 영국 정부에 범죄자 인도를 요구했지만, 영국 정부는 여러 가지 이유로 이를 받아들이지 않았다. 이에 분노한 임칙서는 광저우만에 있는 모든 영국 상인을 추방하기로 했다. 이 조치는 명백히 영국의 상업적 이익과 자존심에 대한 도전이었다.

그리고 마침내, 1840년 영국은 자유 무역 보호를 이유로 아편전쟁을 시작했다. 전쟁은 두 나라의 국력을 여지없이 보여주었다. 이 전쟁으로 인해 청나라 조정은 자신들이 얼마나 낙후된 국가였는지 그 참혹한 현실을 깨닫게 되었다. 유럽의 선진화는 청나라 조정의 예상을 완전히 뒤엎었다. 영국은 단 2척의 전함만으로 29척의 청나라 함대를 격파했다.

지상전에서도 청나라는 아무런 힘을 쓰지 못했다. 영국군은 당시 가장 진보된 활강총을 가지고 있었는데, 청나라는 낙후된 화승총으로 이에 맞서야 했다. 심지어 일부 군인은 오직 큰 칼과 창으로만 맞서기도 했다.

엄청난 국방력의 차이로 인해 전쟁은 일방적인 양상을 띠었고, 영국군은 파죽지세로 청나라를 초토화했다. 1842년 여름, 영국군은 이미 홍콩을 점령하고 주강 삼각주와 상하이 등 주요 지역을 장악했다.

청나라 조정은 아편전쟁에서의 참패로 인해 굴욕적인 조건을 받아들일 수밖에 없었다. <u>1842년에 체결된 '난징 조약'을 통해 5개의 항구를 외국에 개방한다는 것과 홍콩을 영국에 할양한다는 조건에 사인해야 했다.</u> 또한 조약에는 영국이 청나라에서 자유 무역을 할 수 있도록 허용하고, 영국에게 은화 2,100만 달러를 배상한다는 내용이 포함되어 있었다. 이중 은화 1,491만 냥은 전쟁에 대한 배상이며, 나머지 600만 냥은 임칙서가 폐기한 아편에 대한 배상이었다.

영국은 이를 통해 청의 무역을 통제하게 되었고, 대량의 영국 수공업 제품이 무관세로 유입되어 청나라의 전통적인 내수 수공업에 심각한 타격을 입혔다. 프랑스, 독일, 러시아, 미국, 일본 등 국가들도 한몫을 차지하기 위해 잇따라 청나라로 몰려왔다.

청나라에 대한 외세의 간섭은 더욱 거세졌고, 이 시기 체결된 불평등 조약들은 이후 각국이 청나라 영토를 잠식하거나 조계지를 설정하며 앞으로 벌어질 갈등의 씨앗이 되었다.

전쟁에서 패배한 후에도 청나라의 아편 유통은 전혀 줄어들지 않았고, 오히려 공공연히 거래되었다. 1840년부터 1915년까지 75년 동안 패전 보상금과 무역 적자로 인해 청에서 유출된 은은 12억 5천만 냥에 달했다. 이로 인해 청나라 경제는 회복 불능의 장기 침체에 빠지게 되었다.

차와 아편은 모두 중독성 있는 상품이다. 영국은 차에 중독되고, 청은 영국의 아편에 중독되었다. 결국 양국은 전쟁으로 이번 분쟁을 해결했다. <u>동양에서 온 신비로운 나뭇잎인 차는 결국 두 제국의 운명을 완전히 뒤바꾸어 놓았다.</u> 이로부터 한 제국은 부상하고, 다른 고대 동방 제국은 몰락하였다. 차로 인해 촉발된 무역 적자 전쟁이 중국을 가장 수치스러운 시기로 이끈 것이다.

중국, 세계 차 산업의 주도권을 잃다

 청나라가 전 세계의 차나무 재배를 독점하고 있는 현실을 타개하기 위해, 영국은 자국 내 차나무 재배에 큰 노력을 기울였다. 다양한 차나무 품종을 본토에 심어보고 찻잎 가공 공정 기술을 도입하기 위해 다양한 방법을 시도해 보았다.
 당시 영국 식민지였던 인도 히말라야산맥의 남쪽 기슭은 기후 및 지리적 조건이 중국의 대표적인 고급 차 생산지와 거의 동일했다. 히말라야산맥은 높은 고도와 비옥한 땅을 갖추고 있었고, 차나무의 필수 성장 조건인 구름과 안개가 자욱한 습윤 지역이었으며, 겨울에는 한랭한 기후라 서리도 자주 내렸다. 이는 풍부한 맛의 찻잎을 생산할 수 있는 완

벽한 자연조건이었다. 만약 인도에서 차나무 재배에 성공한다면, 이는 영국 동인도 회사에 무한한 부를 창출해 줄 것이다.

하지만, 이를 위해서는 선결해야 할 전제 조건이 있다. 먼저 최고의 차나무 품종을 입수해야 한다. 수천 종의 차나무 중에서 가장 우수한 품종을 선택해 완벽한 생육 방법을 배워야 한다. 차나무 재배에 성공하여 찻잎을 수확한다 해도 차 제조 및 발효 기술을 배워야 상품화할 수 있다. 그러나 차나무 생육과 제조 기술은 모두 청나라 경제의 생명선이라 국가 기밀이었다. 영국 동인도 회사는 외교적 경로를 통해 청나라 차나무 모종과 차 제조 기술을 확보하려 했으나, 상하이 주재 영사 러더퍼드 앨콕Rutherford Alcock은 그것은 '불가능하다'라고 답했다.

가질 수 없다면 훔쳐라!

이에 영국 동인도 회사는 한 가지 방법을 생각해 냈다. 차 생산 지역에 사람을 보내, 몰래 종자들 들여오고, 재배 기술과 차 제조 기술을 배워 오게 하면 이 난관을 타개할 수 있지 않을까? 이는 분명 어려운 임무로, 치밀한 자격 선발 요건을 검토하여 적절한 인원을 선발해서 수행하도록 해야 한다. 이 임무를 수행할 사람은 식물에 대한 이해가 깊으며 산업 스파이 임무 수행까지 할 수 있어야 한다. 마침내 그들은 적합한 사람을 찾았다. 그는 바로 차나무를 훔친 최초의 산업 스파이로 역사에 남게 된 식물학자 로버트 포춘Robert Fortune이다.

로버트 포춘이 선택된 데에는 몇 가지 이유가 있다. 그는 이전에 청나라에 3년 동안 거주한 경험이 있었고, 중국의 농촌 지역에도 익숙했으며, 유창한 중국어를 구사할 수 있었다. 훗날 그는 청나라에서 차나무를 훔치는 데 성공하고, 그 경험을 바탕으로『화북지역 3년 여행기 Three Years' Wandering in the Northern Provinces of China』라는 저서를 출간했다.

1848년 5월, 그는 영국 동인도 회사로부터 연봉 500파운드를 받고 고용되어 청나라에 가서 차 재배 기술과 제조 기술 조사를 착수하기로 한다. 1848년 9월, 상하이에 도착한 포춘은 원활한 조사 활동을 위해 먼저 변장을 하기로 결심한다. 청나라 의상을 주문 제작하고 수염을 깎은 후 머리를 길게 땋았다. 그는 청나라 농촌 민속에 매우 익숙하고 유창한 북방 방언을 구사하기 때문에 남방 사람들은 그가 외국인임을 알아보지 못했다. 물론 이는 현지 농민들이 외국인을 본 적이 없는 것도 어느 정도 영향을 미쳤다.

그런 뒤 포춘은 돈을 주고 안후이성의 '왕 씨'라는 현지인을 한 명 매수했다. 안후이는 중국에서 가장 유명한 녹차 생산지이며, 왕 씨는 차 생산 지역에 대해 매우 해박한 지식을 갖고 있었다. 왕 씨는 포춘을 자신의 고향인 안후이로 데려가 지내게 했다. 포춘은 왕 씨 집에 머물며 즉시 조사 작업에 착수했다. 녹차 나무의 묘목과 종자를 대량으로 수집했고, 차 재배 기술 과정을 상세히 기록했다. 그는 왕 씨의 도움으로 13,000그루의 차나무 묘목과 수만 그루의 차나무 씨앗을 워디안 케이스 Wardian Case에 담아 먼저 상하이로 보냈다. 이 묘목과 씨앗의 최종 도착지는 인도였다.

작은 휴대용 식물원, 워디안 케이스의 기적

'워디안 케이스'는 런던의 외과 의사 나다니엘 백쇼 워드Nathaniel Bagshaw Ward가 발명한 휴대형 온실 상자로, 세계 식물의 역사에 획기적인 변화를 가져온 제품이다. 그 당시 세계의 교통수단은 오직 항로를 이용한 선박뿐이었다. 해상 항해는 짧게는 몇 달, 길게는 1년이나 이어졌다. 하지만 식물 묘목은 장거리 운송에서 살아남기 힘들어, '생생한 상태로' 대륙을 건너는 것은 거의 불가능했다.

<u>워드는 우연한 기회에 식물이 밀폐된 투명 유리병에서 잘 자라고 계속 번식한다는 것을 발견했고, 이는 식물 운송 난제를 완전히 해결해 주었다.</u> 이 용기는 완전 밀폐가 가능해 상자 전체가 작은 생태 순환 시스템을 조성했다. 수분이 증발하면 유리 내벽에 응축수가 형성되고, 응축수는 토양에 떨어져 수증기의 자연 순환을 일으키는 것이다. 또한 토양은 항상 동일한 습도를 유지하고, 햇빛은 자연스럽게 유리를 투과해 따뜻한 온도를 유지해 준다.

워디안 케이스는 식물에 물을 주지 않고도 최대 3년까지 그 생명력을 유지할 수 있다. 워디안 케이스의 발명으로 인해 세계의 식물 분포는 변화를 겪었다. 중국에서 인도로 차나무가 옮겨 심어지고, 아시아

에 고무나무가 자라게 되었으며, 태평양 일대의 섬과 미국 중부, 카리브해 지역에서 바나나 재배를 할 수 있었다. 하지만 포춘의 시도가 끝까지 성공적인 것은 아니었다. 워디안 케이스는 유리로 만들어졌기 때문에, 선박이 먼바다를 건너는 동안 파도의 격렬한 흔들림을 이기지 못하고 대부분 깨져 버렸다. 결국 포춘이 인도로 보낸 첫 번째 차나무의 생존율은 7%에 불과했으며, 씨앗은 완전히 썩어버렸다.

세계 최초
산업 스파이의 탄생

　이듬해 포춘은 중국의 가장 핵심적인 홍차 산지로 향했다. 그곳에서 홍차 씨앗을 훔치기로 결심한 것이다. 무이산에 도착한 그는 신속하게 작전을 펼쳐 가장 우수한 차나무 묘목을 성공적으로 훔쳤다. 지난번의 쓰라린 경험을 토대로 수집한 씨앗과 묘목을 모두 워디안 케이스에 넣고 파손에 대비하여 단단히 포장했다. 마침내 홍차 나무 묘목과 씨앗은 모두 안전하게 인도에 도착했다.

　그는 무이산 지역의 사원에 머물며 승려들에게 뇌물을 주는 방식으로 홍차의 더 많은 비밀을 점차 알게 되었다. 여기에는 녹차가 홍차로 발효되는 과정과 불씨, 재배된 토양, 필요한 빛 등이 포함되며, 홍차의 양조 및 수질 간의 관계도 배웠다.

　3년 동안 포춘은 황산, 푸저우, 닝보, 저우산, 우이산 등의 지역을 방문하여 10,000여 종의 차나무 씨앗을 수집하고 다양한 재배 지식을 입수하였다. 그는 안개가 많은 기후와 은 성분이 풍부한 토지가 고품질 차나무를 재배하는 관건이라는 것을 알게 되었다. 무엇보다 그는 차 재배에 성공하려면 '인재 유치'가 필수라는 것을 잘 알고 있었다. 그래서 비밀리에 8명의 청나라 노동자를 채용하여 인도로 데려갔는데, 그중에는 차 재배 및 제조 기술자 6명과 차를 담는 용기 제작 기술자 2명이 포함되어 있었다.

1851년 2월, 포춘은 8명의 노동자를 데리고 청나라를 떠났고, 5,000년 동안 중국이 독점해 온 차와 수천 년 동안 축적한 재배 기술, 차 제조 기술을 가져갔다. 이 사건은 '인류 최초의 산업 스파이' 사건으로 불린다.

얼마 후 히말라야산맥 남쪽 경사면에는 차나무가 뿌리를 내렸고, 수작업에 머물던 차 제조 공정은 영국의 산업화 덕에 대량 생산으로 전환됐다. 이로 인해 영국의 찻잎 산업이 세계 시장에서 급부상하자 청나라의 차는 쇠퇴하기 시작했다.

1817년부터 1833년 사이에 광저우 항구에서 수출된 화물의 60%는 찻잎이었다. 하지만 영국 동인도 회사의 인도 생산 찻잎이 경쟁에 참여하기 시작한 후 찻잎 수출량은 상당량 감소하여, 전체 수출량 중 찻잎의 비율이 40%로 급격히 떨어졌고, 1905년에는 11.2%, 1913년에는 8.4%로 감소했다. 이는 실크 수출의 1/3에 불과했다. 청나라의 찻잎 산업은 심각한 손실과 폐업 위기에 직면하게 되었다.

1888년, 증국전曾國荃은 조정에 나아가 이 사실을 황제에게 아뢰었다.

"최근 몇 년 동안 인도와 일본의 차가 날로 번창하고 있으며, 가격 또한 비교적 저렴해 서양 상인들이 모두 이들의 차를 사려고 경쟁하고 있습니다. 안후이성만 해도 은 백만 냥의 손실을 보게 될 것이며, 전국적으로는 은 천만 냥 이상의 손실을 보게 될 것입니다. 차 농장의 숫자도 급격하게 줄어드는 실정입니다."

청나라의 차는 세계 경쟁에서 패배했으며, 오늘날까지도 여전히 회복되지 않고 있다. 2016년을 예로 들면, 중국의 약 7만 개 차 기업의 수출 총액은 14억 8천만 달러로, 당시 영국 립톤Lipton 차의 30억 달러 매출의 절반에도 미치지 못했다.

먹보 인류의 취향을 저격하며, 세계 지각 변동의 한가운데 서 있던 신비로운 동양의 나뭇잎, 차. 인류 최초의 스파이는 이 나뭇잎을 훔쳐 현재의 인류에게 아쌈차의 맛을 선물했다.

제3장
중독 경제학

> "커피의 본능은 유혹이다.
> 진한 향기는 와인보다 달콤하고, 부드러운 맛은
> 키스보다 황홀하다.
> 악마처럼 검고 지옥처럼 뜨거우며, 천사와 같이
> 순수하고 사랑처럼 달콤하다."
>
> - 프랑스 주교 샤를모리스 드 탈레랑페리고르
> Charles Maurice de Talleyrand-Périgord

염소 떼가 발견한 커피, 예배 시간의 졸음을 물리치다

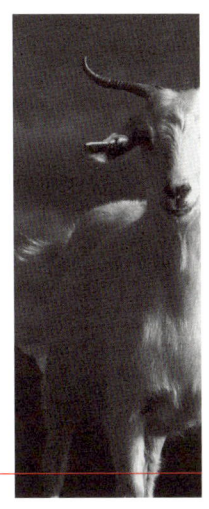

'아프리카의 지붕'으로 불리는 에티오피아는 북위 15도의 동아프리카 고원에 자리 잡은 평균 해발 고도 약 3,000m의 산악지형의 국가다. 이곳에는 방목으로 생계를 잇던 민족의 악숨 제국 Kingdom of Aksum이 세워져 있었다.

어느 저녁, 악숨 제국의 고지대에서 염소를 방목하던 '칼디Kaldi'라는 목동은 일과를 마치고 염소 무리를 몰고 집으로 돌아갈 준비를 하고 있었다. 평소처럼 염소 떼를 모으기 위해 대나무 피리를 불었는데, 이 소리를 들으면 재빨리 모이던 염소들이 그날은 이상하게도 돌아올 생각을 하지 않았다.

칼디는 초조한 마음에 여기저기 찾아다니다 넓은 녹색 잎의 관목에 달린 작은 붉은 열매를 따 먹고 있는 염소 무리를 발견했다. 신기한 것은 염소들이 열매를 먹으며 흥분해서 사방을 뛰어다니고 있었던 것이다. 칼디는 날뛰는 염소들을 간신히 달래 집으로 돌아왔는데, 그날 밤까지도 염소들은 밤새 잠도 거의 자지 않고 우리를 뛰어다녔다. 그 모습은 마치 낮에 들판을 뛰어다니던 염소들같이 활기가 넘쳤다. 밤새 염소 무리를 흥분시킨 이 식물은 뛰어난 각성 효과로 훗날 수백 년에 걸쳐 세계 경제에 크게 공헌한 작물인 '커피'다.

염소들의 변화에 호기심이 생긴 칼디는 이 열매의 효능을 확인하기 위해 직접 먹어보았다. 그런데 이게 무슨 일인지 갑자기 온몸에 힘이 솟구치고 기분이 좋아지는 것을 몸소 체험하게 되었다. 이 이야기는 커피의 기원을 설명하는 전설로 널리 알려져 있다.

<u>커피가 에티오피아의 야생에서 발견되어 세계 각지로 퍼진 과정을 살펴보면 사탕수수와 마찬가지로 그 시작점에 '전쟁'이 있다.</u> 유럽의 십자군이 정벌을 위해 길을 나섰다가 사탕수수를 유럽으로 가져간 것처럼, 아프리카 대륙의 아랍 국가 예멘을 침공한 전쟁으로 커피는 전 세계로 퍼져 나가게 되었다.

COFFEE, 전 세계를 지배하다

악숨 제국은 무역을 통해 쌓은 막대한 부를 바탕으로 강성한 해군력까지 건설하였고, 4세기경에는 기독교를 국교로 받아들였다. 525년, 국력이 강성해지자 통치자 네구스Negus(앗 나자쉬) 황제는 아라비아반도 전역에 대한 지배를 꿈꾸며, 당시 예멘 지역을 지배하고 있던 힘야르Himyar 왕국을 공격하기로 결심한다. 이에 기독교의 수호였던 네구스 황제는 로마 제국의 유스티누스Flavius Iustinus 황제로부터 군사적 지원을 받아 힘야르 왕국에 대한 침공을 단행했다. 갑작스럽게 닥친 악숨 제국의 공격에 미처 대비하지 못했던 힘야르 군대는 참패하고, 두 누와스Dhu Nuwas 국왕은 절망 끝에 바다에 몸을 던져 생을 마감한다. 이로 인해 예멘 지역은 악숨 제국의 지배하에 들어가게 된다.

악숨 제국이 예멘 지역을 통치하는 동안, 악숨의 특산품인 커피 원두를 예멘으로 가져와 수백 개의 커피 농장을 설립했고, 식민지의 인력과 물자를 투입해 본격적인 커피 재배를 시작했다.

아랍인들은 커피 원두를 재배하고 로스팅하는 방법을 배우면서 이 음료를 마시기 시작했다. 그들은 커피에 '카후아Qahwa'라는 이름을 붙였는데, 이는 아랍어로 '아랍의 향긋한 술'을 의미했다. 이후 이 음료는 전 세계로 퍼지면서 각국의 언어에 맞게 철자와 표현이 조금씩 변형되었지만, 발음은 모두 유사한 형태를 유지하고 있다.

프랑스에서는 Café, 독일에서는 Kaffee, 스페인에서는 Kape, 이탈리아에서는 Caffe, 그리스에서는 Kafes, 네덜란드에서는 Koffe, 영어권에서는 Coffee라고 명명되었다. 현재는 영어의 Coffee로 통용되고 있다.

아랍인들이 커피를 마시는 진정한 이유는 단순한 기호나 사교적 용도를 넘어선, 종교적 필요에서 비롯되었다. 이슬람교에서는 밤에 예배를 드렸는데, 이때 졸음과의 전쟁에서 살아남기란 여간 어려운 일이 아니었다. 일부 신도들은 예배 도중에 잠들기도 했는데, 이러한 행동은 다소 불경한 것처럼 여겨지기도 했다. 하지만 모스크(이슬람 사원)는 마땅한 해결책을 찾지 못하고 있었다.

그런데 커피가 등장한 후, 무슬림들은 커피가 기도하는 동안 정신을 맑게 유지해 준다는 것을 발견했다. 이에 따라 여러 모스크에서는 신자들이 예배 전에 커피를 마시도록 권장하게 되었고, 커피는 단순한 음료가 아닌 종교적 실천을 도와주는 도구로 자리 잡게 되었다.

이후 커피는 점차 아랍 국가의 일반 시민들의 일상생활에까지 깊게 스며들었다. 거리에는 곳곳에 카페가 생겨났으며, 일부 부유한 집들은 친구들이 모일 때 커피를 즐길 수 있도록 별도의 커피 전용 공간을 마련했다.

먹보 인류의 목숨을 건 커피 사랑

15세기 말, 커피는 페르시아, 이집트, 오스만, 북아프리카 지역을 포함한 아랍 세계 전역에 퍼졌다. 커피 애호가가 점점 많아지면서 커피는 점차 매우 수익성이 높은 상품으로 발돋움했다. 하지만 부정적인 면도 함께 생겼다. 독실한 이슬람교도들이 종교의식에서 마시던 커피를 이제는 일반 카페에서 자유롭게 구매할 수 있게 되면서, 그들의 자유분방

한 분위기가 종교의 엄숙함을 해친다고 생각해 카페를 폐쇄해야 한다는 주장이 나왔다.

얼마 지나지 않아 메카Mecca의 총독 카이르 베이Khair Beg는 카페에 자신을 조롱하는 시가 많이 쓰여있는 것을 발견한다. 화가 난 그는 1511년 권력을 이용해 종교, 법률, 의학 등 각계 인사들과 함께 메카 시내의 모든 카페를 폐쇄하고 커피 금지령을 내렸다.

콘스탄티노플(현 이스탄불)에서도 커피 금지령이 내려졌는데, 커피가 기독교 사회인 유럽에서 이단자로 취급받는 무슬림들이 즐겨 마시는 '악마의 음료'라는 설이 대두되었기 때문이다. 콘스탄티노플은 커피 금지령을 어긴 사람에게는 혀를 뽑거나 커피 포대에 집어넣어 바다에 던져 버리는 중형을 가하겠다고 엄포를 놓았다.

그럼에도 먹보 인류는 진심으로 목숨을 걸고 사력을 다해 커피를 마셨다. 잔혹한 처벌도 커피 애호가들의 마음을 흔들지 못했다. 용감한 커피 애호가들은 정부의 감시를 벗어나 몰래 커피를 마시기도 하고, 혹은 죽음을 무릅쓰고 거리로 나가 시위를 벌이기도 했다. 결국, 여론의 압박 속에서 정부는 커피 금지령을 철회할 수밖에 없었다.

카페에서 쌓을 수 있는 사회적 경험은 긍정적인 측면이 많다. 사람들은 카페에서 커피를 앞에 두고 마주 앉아 소통할 수 있다. 이런 편안한 분위기는 창작자들에게는 영감을 불러일으키고, 연인들에게는 더욱 로맨틱한 분위기를 연출해 준다. 또한 낯선 사람들을 만나고 사귀어 볼 기회도 제공한다. 이는 전통적인 음식은 제공할 수 없는 기회이다.

많은 아랍의 위정자는 커피에 대해 매우 개방적이었다. 예를 들어, 카이로에서는 상인들이 자유롭게 카페를 열 수 있었고, 16세기에는 커피가 아랍 국가의 가정 필수품이 되었다. 심지어 그 당시 오스만 제국에는 커피에 관한 특별법도 있었다. 커피를 즐겨 마시던 오스만 제국의 여자들은 이 법을 통해 남편에게 하루 한 잔 분량의 커피를 제공받을 권리가 보장되었는데, 만약 남편이 커피를 제공하지 못하면 아내는 이혼을 청구할 수 있었다. 우리의 상상을 초월하는 아랍인들의 커피 사랑에 정말 놀라지 않을 수 없다.

부정적 여론을 잠재우고 피어난 커피 예찬론

    1547년, 오스만 제국이 예멘 지역을 점령하면서 커피의 세계 정복은 새로운 국면을 맞게 되었다. 비록 악숨 왕국은 커피를 예멘 지역에 들여왔지만, 그들은 길게 통치하지 못하고 아라비아 중부의 부족들에 의해 쫓겨난 지 오래였다. 악숨 왕국의 사람들은 철수했지만, 예멘 지역의 커피 농장과 관개 시설은 그대로 남아 있었다. 오스만 제국은 오랫동안 커피 사업을 노려왔다. 오스만 제국은 주요 경제 작물로 커피를 지정하고, 예멘 지역의 커피 농장 규모를 계속 확대하기로 했다. 그들은 대량의 커피 원두 수출을 통해 제국에 막대한 이익을 가져다주었다.

    모카Mocha항은 예멘 남서쪽 해안에 있는 유명한 항구이자 예멘 커피 원두가 해외로 나가는 중요한 화물 유통로다. '모카커피'라는 이름은 바로 여기서 유래했다. 오스만 제국은 세계로 통하는 커피 무역로를 구축했다. 커피 원두는 모카 항구에서 출발하여 홍해, 이집트, 수에즈 운하를 거친 뒤 미식가들이 많은 유럽에 도착했다. 먼 길을 달려온 커피는 마지막으로 수많은 가정과 카페로 들어가 자리 잡기 시작했다.

오스만 제국은 커피 무역에 대한 독점권을 장기적으로 유지하기 위해 특별히 법률을 제정했다. 수출되는 모든 커피 원두는 반드시 먼저 삶고 로스팅하여 가공이 완료된 원두만 선적하도록 한 것이다. 이렇게 원두를 가공하여 수출하면 커피 씨앗이 생명력을 잃어 다른 곳에서는 결코 재배될 수가 없다.

오스만 제국은 이 같은 방식으로 무려 60여 년간 커피 재배와 무역을 독점했고, 이 기간 막대한 부를 축적했다. 그러나 이처럼 고수익의 산업을 오스만 제국만이 영구히 독차지하도록 다른 나라가 가만히 두고 볼 리 없었다.

17세기 후반, '해상의 마부'인 네덜란드는 비밀리에 사람을 보내 예멘에서 커피 씨앗을 훔쳤고, 그 커피 씨앗은 네덜란드의 식민지 중 하나인 인도네시아 자바섬으로 옮겨졌다. 자바섬은 기후와 토양 조건이 커피 재배에 매우 적합했고, 네덜란드는 이곳에 대규모 커피 플랜테이션(대농장)을 세웠다. 이들은 자바섬의 풍부한 노동력과 자원을 활용해 본격적인 대량 생산 체계를 구축했고, 곧이어 세계 커피 무역의 주도권을 오스만 제국으로부터 탈환하게 되었다.

이때부터 커피는 아랍 세계를 벗어나 본격적으로 식민지 시대의 대표적인 세계 상품으로 자리 잡기 시작했으며, 유럽 열강들의 커피 쟁탈전이 더욱 치열해지게 되었다.

악마의 음료에
세례를 부여하노라

유럽 사람들은 처음에 커피를 좋아하지 않았다. 커피의 독특하고 쓴맛은 당시 유럽인들의 입맛에 익숙하지 않았고, 많은 사람이 기이하고 이질적인 음료로 여겼다. 영국 시인 조지 샌디스 George Sandys 는 처음 커피를 맛보고 다음과 같은 글을 남겼다.

> "오스만 튀르크인들은 '코파하우스'라고 불리는 주점과 유사한 곳에서 하루 종일 수다를 떤다. 매일 대부분을 코파라는 음료를 둘러싸고 한담을 즐기는데, 이 음료는 매연처럼 검은빛이 도는데, 맛도 연기를 마시는 것 같다. 하지만, 이 음료는 소화에 도움이 되고 사람들에게 즐거움을 선사한다."

로마 교황 클레멘트 8세는 커피를 매우 좋아했다. 그는 처음 커피를 마셨을 때, 색다른 맛에 매료되었다.

> "악마의 음료라더니 커피가 이렇게 맛있을 줄이야! 이렇게 맛있는 음

료를 무슬림만 마시다니 참으로 애석한 일이 아닐 수 없다. 나는 커피에 세례를 주어 기독교인의 음료가 될 수 있는 자격을 부여하겠노라."

교황은 '커피 세례식'이라는 기발한 방법으로 마침내 공식적으로 기독교 세계에 커피를 받아들였다. 단순한 의식이었지만, 교황의 지원 덕분에 기독교인들은 당당하게 커피를 마실 수 있게 되었고, 대중적인 음료로 자리 잡으며 커피가 유럽에서 유행하기 시작했다.

카페는 유럽 각지에 속속 등장했으며, 점차 유럽인들의 대화와 교류의 장으로 자리매김하였다. <u>커피는 각성 음료로 유럽인들의 삶에 활기를 불어넣었을 뿐만 아니라 많은 유럽인을 금주에 성공할 수 있도록 이끌었다.</u> 유럽의 의사들은 커피가 인체에 유익하다며 커피 예찬론을 펼쳤다.

커피를 가장 늦게 받아들인 나라는 프랑스이다. 당시 프랑스는 커피를 '이교도의 음료'라 여겼으며, 많은 유럽인이 와인을 대체해 이 음료를 마신다는 것을 받아들이지 않았다. 이에 "커피는 뇌척수액을 고갈시켜 신체의 에너지를 소진케 한다. 팔다리를 마비시키며 성적 기능을 상실하게 할 수 있다."라고 주장하는 의사가 등장하기도 했었다. 아마도 '성적 기능의 상실'이라는 말이 프랑스 남자들로 하여금 그토록 커피를 싫어하게 만들진 않았을까 조심스럽게 추정해 본다.

1696년, 파리의 한 의사가 커피의 이름을 바꿔 실험을 해보았다. 그는 환자 몰래 관장제로 커피를 처방했다. 그 결과 커피는 진정 효과와 진통 효과가 있어 치료 결과가 매우 좋을 뿐만 아니라 기운을 북돋울 수 있다는 것을 발견했다. 그래서 그는 자신의 실험 결과를 신문에 발표했고, 그제야 커피에 대한 인식이 점차 바뀌기 시작해 프랑스인들에게 받아들여졌다.

프랑스 역사학자 쥘 미슐레Jules Michelet는 커피에 대해 다음과 같은 말을 남겼다.

> "이 통찰의 음료이자 생각을 맑고 명료하게 만드는 강력한 정신 자극제인 커피의 등장은 이 시대의 흐름을 바꾼 상서로운 혁명이자 새로운 관습을 창조하고 더 나아가 인간의 기질을 바꾼 위대한 사건이다."

커피 한 잔으로 불붙은 프랑스 대혁명

이처럼 커피는 단순한 음료를 넘어, 프랑스 사회 전체의 사고방식과 생활방식에 영향을 준 상징적인 존재로 자리 잡았다. 커피가 가져온 가장 뚜렷한 변화 중 하나는 '카페 문화'의 탄생이었다. 프랑스인들은 커피를 마시기 위해 모인 카페에서 자유롭게 토론하고, 신념을 나누며, 격렬한 사상적 충돌을 경험했다. 이러한 자유로운 사상의 교류와 정치적 토론은 훗날 프랑스 혁명의 기폭제 역할을 하게 된다.

프랑스는 미식의 나라이다. 프랑스식 만찬은 세계적으로 명성을 떨친다. 커피가 프랑스 사회에 받아들여진 후, 프랑스 미식가들은 커피의 더욱 풍부한 맛을 끌어내기 위해 심혈을 기울였다.

1710년 프랑스인이 '침출식 커피Brewed Coffee'를 발명했다. 먼저 커피를 가루로 만든 다음 천으로 만든 작은 봉지에 넣고, 끓인 물을 부어 추출하는 방식이다. 현재 우리가 마시는 '드립 커피'의 시초이다. 이렇게 우려낸 커피는 장시간 끓인 커피보다 훨씬 더 신선하고 맛이 좋다.

프랑스 작가 오노레 드 발자크Honore de Balzac는 커피 애호가로 유명하다. 그는 커피를 자신의 생명과도 같이 여겼으며, 음용법도 남달랐다. 일반적으로 사람들은 커피를 물에 우려내어 마시지만, 그는 커피 원두를 갈아서 고운 가루로 만든 다음, 이 가루를 직접 입안에 털어 넣었다. 그가 남긴 커피 예찬은 그의 음용법만큼 호기롭다.

> "커피를 삼키고 나면 모든 것은 술렁거리기 시작한다. 온몸의 세포는 활성화되고 생각은 전쟁터의 기병대처럼 빠르게 움직인다. 기억은 기습하듯 살아나 나는 책상에 앉아 글을 쓰기 시작한다. 글의 형식과 인물의 성격이 즉시 떠오르고 원고지는 잉크로 덮인다."

대량의 커피 가루를 삼키며 발자크는 〈고리오 영감〉, 〈인간 희극〉 등의 위대한 작품을 써내, '현대 프랑스 소설의 아버지'로 불린다. 그의 말처럼 그의 위대한 작품의 탄생에는 분명 커피가 선사한 영감이 뒷받침했을 것이다.

차茶의 도시
런던에 세워진
세계 최대 원두 시장

네덜란드에 커피나무 종자를 도둑맞은 오스만 제국은 커피에 대한 독점력을 완전히 상실했다. 이에 반해 커피 원두 무역의 패권국 자리를 넘겨받은 네덜란드는 단순한 계승에 그치지 않고 혁신을 모색하였다. 그들은 어떻게 더 창의적이고 효율적으로 커피를 팔 수 있을까를 고민했는데, 그 해답은 '금융 혁신'이었다.

네덜란드 사람들은 금융시스템을 새롭게 구축하고 이를 혁신하는 분야에 능숙했다. 안정적인 금융시스템을 구축하기 위한 첫 번째 주식 거래소가 네덜란드 암스테르담에서 탄생했다는 것은 주지의 사실이다.

이런 배경을 가진 네덜란드인들이 커피에 금융 기법을 적용한 것은 어쩌면 자연스러운 수순이다. 그들은 커피 원두 판매를 위한 더 진보된 금융 수단을 도입했다. 그것은 바로 '경매 시스템'이었다. 이는 '가격을 높게 부르는 사람이 얻는' 방식이었는데 커피 매매 분야에서는 처음 시도되는 일이었다. 기록에 따르면, 1712년 세계 최초로 네덜란드 암스테르담 거래소에서 경매를 통해 판매된 커피는 총 894팩의 인도네시아 자바산 커피였다.

경매 방식으로 거래하면 재고 문제를 해결할 수 있을 뿐만 아니라 더 높은 가격에 판매할 수 있다. 경매 현장의 뜨거운 분위기는 사람들의 흥분과 열정을 불러일으켰고, 경쟁자의 도전에 승리욕을 불붙였다. 바람잡이 몇 명을 앞세워 가격을 올리면, 경매자들은 들끓는 승리욕에 이성을 잃고 훨씬 더 높은 가격을 제시하게 된다.

하지만 네덜란드인의 커피 독점은 지속되지 못했고, 영국에 패권국의 자리를 빼앗기게 된다. 비록 영국인들은 차를 많이 마셔 커피 소비량은 많지 않지만, 이는 런던이 세계 최대의 커피 거래 장소가 되는 데에 아무런 걸림돌이 되지 않았다. 어떤 이유일까? <u>바로 런던의 금융시스템이 압도적 우위를 차지하고 있었기 때문이다.</u>

런던의 금융시스템은 전 세계 거의 모든 은행을 연결하고 있었다. 강력한 금융시스템의 지원 덕분에 런던에서의 커피 무역은 더욱 원활하게 이루어졌다.

런던의 커피 시장은 하루가 다르게 번창하여, 판매자와 구매자 간의 거래를 빠르게 성사할 수 있었다. 또한 런던은 고객의 편의를 위한 위탁 판매 서비스를 시작했다. 즉, 자신의 원두를 경매소에 맡길 수 있어 판매자가 고객을 기다릴 필요가 없었다. 경매가 성공하면 경매소는 판매자가 다음 거래를 원활하게 진행할 수 있도록 지원하며, 판매자는 소정의 경매 수수료만 부담하면 된다.

커피 원두는 판매가 잘 되는 상품으로 재고 부담의 위험성이 낮다. 그래서 경매소는 일반적으로 고객의 커피 원두를 먼저 인수하고, 심지어 구매자에게 일부 대금을 선지급하기도 했다. 즉, 커피 경매가 아직 시작되지 않았음에도 재배 농가는 선금을 받을 수 있었다.

자금을 빠르게 운용할 수 있다는 것은 커피 재배자들에게 분명 좋은 조건이며, 이는 네덜란드 커피 시장에서는 결코 없었던 장점이었다. 이와 같은 영국의 완벽한 금융시스템의 지원 덕분에 런던은 빠르게 글로벌 커피 거래의 중심지가 되었다. 점점 더 많은 커피 사업가가 런던을 거래지로 선택하였는데, 이는 이곳의 거래가 판매자와 구매자 모두가 만족할 만큼 충분히 빠른 속도로 성사되기 때문이다.

런던의 경매는 주로 세계 최초의 커피하우스인 개러웨이 커피하우스(병기)에서 진행되었는데, 경매의 이름이 매우 흥미롭다. 이른바 '촛불 경매'라 불리던 이 경매는 촛불에 핀을 넣어 두었다가 주변의 초가 녹아 핀이 쓰러지기 직전에 값을 매긴 입찰자가 원두를 받게 되는 방식이다. 이 커피 경매의 관계자들은 고유한 암호, 용어, 신체 언어 등을 사용하여 경매에 참여한다. 입찰자는 비밀 손짓으로 주변 사람들과 소통하여 경쟁자가 자신의 심리적 가격을 알아채지 못하도록 한다. 전문적인 분야라 따로 공부하지 않은 외부인은 이해할 수 없는 체계다.

세계 최초의
선물 옵션의 탄생

　금융시스템 구축에 능숙한 영국인들은 커피 거래에 참여할 수 있는 일련의 금융 파생 상품을 개발했다. 가장 먼저 개발한 금융상품은 '선물 옵션Futures and option'이다.

　'선물 옵션'이란 무엇일까? 인류의 가장 위대한 금융 발명품 중 하나로 꼽는 이것을 하나의 일화로 설명해 보고자 한다.

　빵 가게를 연 A는 밀가루를 자주 구매해야 한다. 현재 밀가루 가격은 1㎏에 3,000원인데 어제 날짜 언론에서는 올해 기후가 좋지 않아 밀 수확이 흉작일 것이라고 보도했다. 앞으로 밀가루 가격이 오를 가능성은 매우 크며, 밀가루 가격 인상은 원가를 증가시킬 것이다. 하지만 A는 빵 가격을 인상하고 싶지 않았다. 이는 판매량에 영향을 미치기 때문이다. 문득 A에게 좋은 생각이 떠올라 밀가루를 구매하고 있는 거래처를 찾았다.

> "사장님, 앞으로 1년 동안 1㎏에 3,000원 가격으로 밀가루를 계속 공급해 주실 수 있을까요? 저는 이 가격에 거래를 지속했으면 합니다. 앞으로 밀가루 가격이 오르더라도, 계속 이 가격에 공급해 주십시오."

"그건 좀 어려울 것 같습니다."

"그렇다면 사장님이 원하시는 조건을 말씀해 주십시오."

"수수료를 내신다면 고정가 판매를 고려해 보도록 하겠습니다."

"얼마의 수수료를 원하시나요?"

"밀가루 가격을 고정하려면 ㎏당 20원의 수수료를 내야 합니다. 몇 ㎏을 원하십니까?"

"1,000㎏이요."

"그렇다면 책정 수수료는 총 20,000원입니다. 만약 구매하지 않아도, 이 20,000원은 환급해 드리지 않을 것입니다."

"알겠습니다. 그런데 만약 나중에 가격이 ㎏당 2,000원까지 떨어지면, 저는 어떻게 해야 하죠?"

"그래도 변하는 건 없습니다. 고정가로 사실 생각이라면 ㎏당 2000원이든, 3,000원이든 수수료는 20,000원입니다."

"근데, 나중에 밀가루가 ㎏당 4,000원이 되면 제가 이득이잖아요."

"그렇죠. 밀가루 가격이 인상되면, 당신이 도박을 잘했다는 것을 증명하는 것이겠지요."

"그렇다면 밀가루를 ㎏당 3,000원에 살 수 있는 자격을 다른 사람에게 양도해도 될까요?"

"물론이죠, 길 건너 만둣가게도 밀가루가 필요하니까요. 가격이 오른 후면 그 집은 원래 ㎏당 4,000원에 구매해야 할 텐데, 이 자격을 ㎏당 500원에 판다면 ㎏당 3,500원에 살 수 있으니 분명히 좋아하겠지요. 그렇다면 당신은 수수료를 제하고도 ㎏당 480원의 이득이 생기니, 총

1,000×480=480,000원을 벌 수 있습니다."

"그거 정말 좋네요. 무거운 밀가루를 옮기지도 않았는데 480,000원을 벌 수 있고, 만둣가게도 50,000을 절약할 수 있으니 정말 누이 좋고 매부 좋은 거래네요."

이게 바로 '선물 옵션'이다. 정확히 구분하여 설명하자면 '선물Futures'은 곡물이나 금 등의 특정 자산을 미래의 특정 시점에 약정된 가격으로 매매하는 계약이고, '옵션Option'은 특정 자산을 미리 정해진 가격에 구매하거나 판매할 수 있는 권리를 거래하는 것이다. 이 거래는 옵션 거래에 해당하며 옵션 거래에서 매수할 수 있는 권리를 '콜 옵션', 매도할 수 있는 권리를 '풋 옵션'이라고 한다.

옵션 거래의 핵심은 '미래를 판단하는 능력'이다. 가격이 오를 것으로 예상하면 콜 옵션을 사고, 하락이 예상되면 풋 옵션을 산다.

선물 옵션 거래에는 상품 실물 거래가 필요 없다. 즉, 실제 커피 원두를 한 봉지씩 사고팔지 않아도 돈을 벌 수 있다. 그래서 선물 거래는 상품 실물 거래 없이 돈을 벌고 싶어 하는 금융 투자자들에게 큰 인기를 끌고 있다.

오늘날 대부분 농산물은 모두 선물 거래의 대상에 해당한다. 금Gold도 선물 거래가 가능한데 실물 금Physical Gold과 구분하기 위해 '페이퍼 골드Paper Gold'라고 부른다. 최근에는 전산이 발달함에 따라 이제는 종잇장조차도 필요 없이 그저 컴퓨터상의 숫자에 불과한 금이라 하여 이른바 '디지털 골드Digital Gold'라는 용어도 등장했다. 실물을 볼 필요 없이 투자로 돈을 벌 수 있는 것이다.

런던의 커피 선물 거래가 시작된 후 원두의 판매량은 한때 실제 원두 수량의 10배에 달했다. 1888년, 전 세계 커피 원두 수확량은 600만 포대에 불과했지만, 선물 거래소의 총 거래량은 6,100만 포대에 달했다. 이것이 바로 선물 거래의 흥미로운 점이다.

도박과 비슷한
선물 시장의 생태

선물 시장은 카지노와 유사하다. 모든 플레이어가 미래 가격 추세에 관한 자신의 판단으로 '베팅'을 한다. 따라서 커피 가격의 변동은 밭에서 나는 커피콩의 생산량만으로 결정되는 것이 아니라, 선물 가격에도 영향을 받는다. 똑똑한 투자자들은 거래소에서 미래에 대한 예측 실력과 전략, 배짱을 겨루며 실물 커피 가격을 견인한다.

어떤 사람들은 돈을 벌기 위해 선물에 참여하고, 어떤 사람들은 위험을 관리하기 위해 참여한다. 만약 이후에 대두박 가격이 오르면, 사료 원가는 상승하지만, 선물에서는 오히려 돈을 벌 수 있다. 이렇게 되면 이익과 손실, 양쪽이 균형을 이루게 된다. 다시 말해 대두박 가격이 오르든 말든 사료 원가를 통제할 수 있는 것이다. 이를 '헤징Hedging'이라고 부르는데 이는 가격 변화의 위험을 일정 범위 내에서 통제할 수 있도록 보장하기 위함이다.

선물 투자자들은 미래 가격 동향을 어떻게 판단할지가 난제가 되었다. 미래 가격 추세에 영향을 미치는 요인은 여러 가지가 있기 때문이다. 여기서 가장 큰 영향을 미치는 '사이클'이 있다. <u>'사이클'은 경제학자들이 자주 언급하는 단어로, 특정 산업에서 규칙적인 상승과 하락이 나타나는 주기를 의미한다.</u>

'돈육 선물'도 일종의 경제 주기 현상의 영향을 받는다. 즉, 돼지고기 가격의 상승과 하락은 규칙적이며, 시간은 일반적으로 약 3년이다. 이 주기는 순환적으로 발생하는데, 그 논리는 매우 간단하다. 돼지를 사육 후 고기로 출하하는 데 걸리는 시간과 관련이 있다. 돼지고기 가격이 오르면 양돈 농가에서는 적극적으로 돼지를 키우기 시작할 것이다. 얼마 지나지 않아 돼지고기 공급이 너무 많아져 육류 가격이 하락하면, 모두가 돼지 사육을 줄이기 시작한다. 그리고 일정 기간 재고가 소진되고, 양돈 농가에서 출하하는 숫자가 줄어들면 돼지고기는 다시 공급 부족을 겪기 시작하고, 가격은 상승한다. 이것이 반복되면 사이클이 형성된다.

커피의 사이클도 마찬가지이다. 커피 원두 가격이 오르자, 커피 재배자들은 너도나도 커피나무 재배 면적을 늘리기 시작했다. 그 후 커피 원두가 과도하게 공급되면서 가격이 크게 하락했고, 커피 농가들은 다시는 커피를 심지 않겠다고 다짐하며 커피나무를 불태워 버렸다. 그 결과 다음 해에 커피 생산량은 심각하게 감소했고, 얼마 지나지 않아 원두의 가격은 다시 상승했다. 커피 사이클의 침체기에 유럽의 커피 재배자들은 생산량을 줄이거나 옥수수와 면화 재배로 전환했다. 그러나 얼마 후 커피 생산량이 줄어들어 커피 가격이 오르자, 다시 커피 재배로 전환하면서 새로운 순환 주기가 시작된다.

커피 원두는 오랜 시간 저장할 수 있고, 저장 비용도 많이 들지 않기 때문에, 커피 재배자들은 커피 원두를 오랫동안 보유하며 가격 인상을 기다린다. 그래서 커피 사이클은 돈육의 주기와는 다르다. 돼지는 커피와 달리 저장할 수 있는 농작물이 아니기 때문에 가격 인상을 기다리는 것은 합리적이지 않다. 게다가 양돈하는 동안 사료도 제공해야 하고, 도축한 돼지고기를 냉동 상태로 보관하는 데 드는 비용도 만만치 않다. 그래서 커피 사이클이 돈육보다 더 긴 약 10년 주기의 사이클을 갖고 있다.

이러한 커피 재배 농가와 시장 간의 반복적인 눈치 싸움은 종종 커피 원두 가격과 커피 선물 가격에 영향을 미친다. 그러나 커피 시장의 심리전은 재배 농가와 시장 간에만 국한되지 않고, 국가 간의 무역 전쟁에서 더 치열한 양상을 보인다.

로맨틱한 불륜 공작으로 완성한 커피의 왕국

커피 무역의 통제권은 금융시스템이 발달한 영국이 장악했다. 커피는 더 이상 단순한 식품이 아니라 날갯짓 한 번에 세계 경제 무역에 파란을 일으킬 수 있는 '나비'가 되었다.

당시 프랑스와 네덜란드는 아메리카 대륙을 나누어 가지며 그 어떤 나라도 감히 대적할 수 없는 패권국으로 부상하였다. 프랑스와 네덜란드는 커피 재배의 독점을 확보하고자, 커피 묘목과 발아 가능한 종자의 해외 반출을 법으로 엄격히 금지했으며, 이를 위반한 자는 극형에 처해졌다.

브라질은 남아메리카 대륙에서 가장 큰 나라이다. 커피가 돈이 된다는 사실에 마음이 들떴지만, 정작 커피나무를 구할 방법이 없어 매우 막막했다.

> "네덜란드가 오스만 제국의 커피를 훔쳐 왔으니, 우리도 네덜란드의 커피를 훔치면 되지 않을까?"

하지만 도둑의 심리는 도둑이 가장 잘 아는 법이다. 커피를 훔쳐본 경험이 있는 네덜란드는 이를 지키는 방법에 더욱 능통했다. 네덜란드는 커피 종자를 철저히 지키고 있어, 다른 나라들은 손을 쓸 기회가 없었다. 브라질은 목표를 달성하기 위해 여러 전략을 수립했는데, 그중에서도 중국의 병법서 『삼십육계三十六計』를 꺼내 들었다. 그리고 그중 최고의 계략으로 꼽히는 미인계美人計를 실행에 옮기기로 했다.

브라질은 국가 차원의 '불륜 공작'을 기획했다. '프란시스코 지 멜라 팔헤타'라는 청년이 그 주인공이다. 그는 나라를 위해 희생하기로 결심했고, 브라질이 오랫동안 기다려온 커피 원두를 얻기 위해 작전에 투입되었다.

당시 프랑스는 아메리카 대륙에서 커피 재배 식민지를 운영 중이었고, 프랑스 총독은 브라질 최북단보다 더 북쪽에 있는 프랑스령 기아나의 수도 카엔Cayenne 지역에 주둔하면서 식민지를 관리했다. 총독은 고지식하며 고압적인 태도의 사람이지만, 총독 부인은 우아하고 매혹적인 여인이었다.

불륜으로 얻은
한 알의 커피콩

멋진 외모와 세련된 매너를 가진 브라질 청년 팔헤타는 계획적으로 총독 부인에게 접근하기 시작했다. 재색을 겸비한 팔헤타는 곧 총독 부인의 마음을 사로잡았고, 두 사람은 급속도로 가까워졌다. 총독 부인과 팔헤타의 사랑은 영원을 향해 질주하는 듯 보였지만, 사실 팔헤타의 머릿속에는 오로지 커피 종자를 고국 브라질 품에 안기겠다는 생각으로 가득 차 있었다. 팔헤타는 총독 부인을 만나 사랑을 나눌 때마다 커피를 화제로 이야기꽃을 피웠고, 총독 부인은 그에게 커피 씨앗을 얻을 수 있도록 도와주겠다고 약속했다.

그의 송별회 파티에서 총독 부인은 팔헤타에게 한 다발의 꽃을 바쳤다. 이 모든 것은 의례적으로 보였지만, 꽃다발 속에는 한 줌의 커피 씨앗이 숨겨져 있었다. 무도회가 끝난 뒤, 팔헤타는 품위 있게 꽃다발을 들고 자리를 떠났고, 정교한 계획 덕에 그는 아무런 제지 없이 무사히 배를 타고 브라질로 돌아올 수 있었다.

임무를 완수한 팔헤타는 기아나와 인접한 파라강 유역의 브라질 땅 파라Para 지역에 커피 씨앗을 심었다. 그때부터 브라질에서는 '여신이 브라질의 커피 씨앗을 안겨 주었다'라는 낭만적인 전설이 전해지게 되었다. 이로써 브라질은 커피 무역 무대에 주인공으로 오르게 되었다.

이제 브라질 사람들은 사탕수수를 심을지 커피나무를 심을지를 선택해야 한다. 이는 브라질 미래의 경제 발전을 결정짓기 때문이다.

커피 왕국의 탄생

사탕수수는 초본식물로 1년에 한 번 수확하는 반면, 커피는 목본식물로 심은 지 4년이 지나야 수확이 가능하다. 이는 커피나무를 재배한 농가는 4년 동안 수입 없는 힘든 시기를 보내야 한다는 것을 의미한다. 브라질 사람들이 사탕수수를 심을지 커피나무를 심을지 고민하고 있을 시기, 나폴레옹의 사탕무 설탕 개발이 성공하며 사탕수수 설탕 가격은 폭락했고, 이윤이 높은 커피는 브라질 경제의 생명줄이 되었다. 브라질 사람들은 과감히 사탕수수를 포기하고 모두 커피나무를 심었다. 1812년부터 대규모로 커피나무를 심었는데, 커피나무의 성숙기는 시기에 따라 4~5년이 소요되어 1818년에야 처음으로 수확한 75,000포대(약 550만 kg)의 커피 원두를 유럽 시장에 출시할 수 있었다. 당시 브라질 원두는 수량이 많지 않았기 때문에 유럽 시장의 주목을 받지 못했다. 하지만 5년이 지난 1823년, 브라질 커피 원두는 보기 드문 대풍작을 이루며 유럽 시장에 대량으로 유입되었다. 유럽 커피 가격은 급락했고, 유럽인들은 그제야 브라질의 커피 원두를 인식하기 시작했다. 그 후 브라질은 100년 동안 세계 커피 원두 총생산량의 약 97%를 차지하며 전 세계 커피 시장을 독점하다시피 했다.

브라질은 비록 커피 시장에 후발 주자로 발을 들였지만, 그들만의 세 가지 대체 불가능한 장점 덕분에 세계 커피 무역의 주역이 될 수 있었다.

<u>첫 번째, 천혜의 조건이 된 비옥한 토지를 소유했다.</u> 브라질의 광활한 원시림의 토지는 비옥하고 부드러우며, 질소, 인, 석회암, 탄산칼륨 등의 부식질이 풍부하다. 낙엽은 비료가 되어 식물에 끊임없이 영양분을 공급했으니 이는 커피나무의 생육에 있어 천국과도 같았다.

<u>두 번째, 정치 제도의 이점이 커피 산업을 육성했다.</u> 당시 브라질 지도자 페드로 2세는 정책적으로 커피 산업을 장려할 뿐만 아니라, 국가 기반 시설을 대규모로 구축함으로써 커피의 항구 운송 비용을 지속적으로 낮추고, 물류 효율성을 높였다.

<u>세 번째, 값싼 노동력이다.</u> 당시 브라질은 여전히 노예 제도를 유지하고 있었는데, 이 노예들은 대부분 아프리카 동서 해안의 흑인들이었다. 그들은 체격이 건장하고 매우 지혜로운 우수 산업 노동력이었다.

1888년 5월, 브라질은 노예제를 폐지하여 노예들은 고향으로 돌아가게 되었지만, 그 빈자리는 곧 많은 유럽 이민자가 채우게 되었다. 이들은 브라질로 이민 온 뒤 대부분 커피나무를 심었다. 노예제가 폐지되기 전에는 브라질의 연간 이민자 수가 3만 명에 미치지 못했지만, 노예제가 폐지된 후에는 매년 28만 명이 넘었다.

토양과 정치 제도, 노동력, 이 세 가지 주요 장점 덕분에 '커피 왕국' 브라질의 커피나무는 빠르게 성장했고, 커피 원두 생산량은 매년 기하급수적으로 증가했다.

커피 원두
과잉 생산이 초래한
경제 호황과 위기

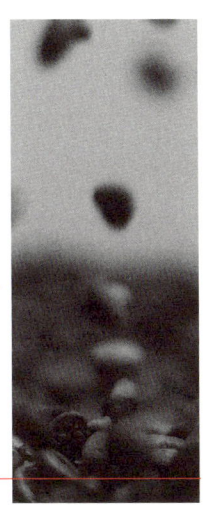

천혜의 재배 환경은 축복이었지만, 막대한 생산량은 결국 브라질에도 위험을 초래했다. 경제학계에서는 상품의 장기 공급이 수요를 초과하면 가격이 크게 하락한다는 원리를 들어, 브라질 커피 원두의 생산량이 계속해서 기록적인 수치를 갱신하면, 가격 붕괴 위기가 언제든지 닥칠 수 있다고 경고하였다.

1906년, 브라질의 커피 원두 생산량은 거의 2,000만 포대에 달했다. 전 세계 커피 시장 수요 분석에 따르면, 이 커피 원두가 시장에 유입되면 전 세계 커피 가격이 급락하여 최저점에 이를 것으로 분석했다. 브라질 국가 수입의 90%가 커피 재배업에서 창출되고 있는데, 만약 이 시점에 커피 원두를 시장에 내놓는다면, 이는 의심할 여지 없는 경제적 자살 행위임이 자명하다. 분명 많은 농장이 파산하고 브라질 경제가 붕괴할 것이다.

<u>브라질 정책 결정자들은 장고를 거쳐 강제 경제 조치인 '타우바테 협정Convenio di taubate'을 발표했다. 이 협정의 핵심은 브라질 커피 원두의 가격 유지를 위해 브라질 정부가 나서서 커피 원두를 매입하여 창고에 보관하는 것이다.</u> 이렇게 하면 시장에서 유통되는 원두의 양을 조절해 원두 가격을 안정적으로 유지할 수 있다.

이것은 현재 중앙은행이 통화량을 조절하는 것과 매우 유사하다. 경제학에서는 수요와 공급 이론을 활용해 수요가 크게 변하지 않을 때 공급을 줄이는 방식으로 가격을 유지한다. 이 계획에는 많은 자금이 필요한데, 브라질 정부는 이 계획을 실행할 수 있을 정도의 많은 현금을 보유하고 있지 않았다. 그래서 그들은 국제 자본의 도움을 요청하기 시작했다. 급기야 유럽 금융가가 팔을 걷어붙였다. 그러나 유럽 국가들이 선의로 브라질을 도운 것은 아니었다. 브라질 경제의 안정을 지키는 일이 곧 그들 자신의 이익과 직결되었기 때문이다. 수많은 유럽 자본가는 오랜 기간 브라질에 거주하며 플랜테이션에 투자했고, 커피 상인들에게도 대규모로 대출을 해주고 있었다. 많은 금융인이 브라질 커피 회사의 주식과 채권을 보유하고 있었기에, 만약 커피 산업에 위기가 닥치면 브라질 경제 전체가 흔들리게 되고, 그에 따라 유럽 금융가들의 자산 역시 급격히 줄어들거나 심지어 전부 사라질 위험이 있었던 것이다.

정부의 채권 발행으로
위기를 넘긴 커피 산업

　브라질 정부는 다양한 경로로 자금을 조달하기 위해 노력했는데, 그 중 상파울루의 한 철도를 담보로 200만 파운드(당시 국제 금융은 파운드 스털링이 기준이 되었다)를 대출했다. 또한 500만 파운드의 정부 채권을 발행해 시민들에게 채권을 구매하도록 호소했다. 브라질 정부의 채권은 발행 첫날에 매진됐다.

　충분한 자금을 모은 브라질 정부는 나머지의 원두를 대량으로 사들여 뉴욕, 함부르크, 르아브르 등지로 선적하여 단단히 밀봉한 후 보관했다. 그 후, 브라질 정부는 창고에 있는 원두를 담보로 삼아 계속해서 대출을 받아 원두를 구매했다. 점점 더 많은 원두를 담보로 묶어둘수록 시장에 나와 있는 원두의 양은 줄어들어 원두 가격을 성공적으로 안정시킬 수 있었다.

　커피 재배는 어느 해에 풍년이 들면 다음 몇 년 동안 생산량이 감소할 가능성이 크다. 나무도 동물과 마찬가지로 겨울잠 같은 휴지기가 필요하기 때문이다. 대풍년이 들고 나면 토지가 에너지를 다시 축적하는 데 몇 년이 걸리는 것이다. 하지만 브라질의 토지는 하늘이 선물한 천혜의 땅이었다. 1907년 커피는 생산량이 줄기는커녕 여전히 대풍년이었다. 1908년에도 역시 풍년이 들었다. 자연의 섭리를 무시하듯 브라질 커피는 일반적인 자연법칙에 전혀 부합하지 않았다. 커피 농가들은 산더미처럼 쌓인 원두를 보며 절망할 수밖에 없었다.

결국 브라질 정부의 창고에는 커피 원두가 점점 더 쌓여만 갔고, 이를 처리하기 위한 자금의 액수도 점점 커지고 있었다. 정부가 끌어올 수 있는 자금은 줄어들고 있었으며, 브라질 정부는 자금 회전 붕괴의 위기에 처했다.

다행히, 네 번째 해부터 이후 몇 년 동안은 커피 수확량이 줄어들 조짐이 보였다. 브라질 정부는 커피를 대량 생산한 지 7년이 되던 해인 1913년 2월까지 갖은 고생을 하며 버텼고, 마지막 남은 원두 재고가 시장에 풀리면서 원두는 전부 소진되었다.

커피 원두 재고 처리를 위한 참전

브라질 정부는 7년에 걸쳐 정부 자금 조달 방식을 통해 경제 위기에서 벗어날 수 있었다. 이 교훈을 통해 커피 재배 농가들은 '과유불급'을 배워야 했다. 모든 일에는 정도가 있으니, 너무 욕심을 부리지 말아야 한다. 하지만 인간의 탐욕스러운 본성은 통제할 수 없다. 그들은 뼈아픈 교훈을 기억하지 못했고, 커피나무 재배량을 통제하지 않았다. 커피나무 재배 면적은 줄기는커녕 끊임없이 확장되었다.

1914년, 브라질 커피는 또 한 번 풍작을 이루었고, 커피 시장의 위기는 다시 찾아왔다. 이 해에 수확한 원두의 양은 전보다 더 많아졌고, 이로써 경제 위기의 위험은 더 커졌다. 브라질 정부는 원두의 높은 가격을 유지하기 위해 다시 한번 정부의 자금조달을 통한 봉인 정책을 채택하기로 했다. 하지만 이번에는 순조롭지 않았다. 공교롭게도 그 해는 제1차 세계대전이 발발한 해이기도 했다.

전쟁은 모든 것을 바꾸어 놓았다. 세계적인 혼란으로 커피 소비가 급감해 커피 가격은 하락하기 시작했다. 게다가 중남미 커피 시장으로 가는 해상 무역로는 영국에 의해 일찍이 봉쇄되었으며, 유럽의 커피 거래소는 문을 닫았다. 독일과 오스트리아 등 주요 커피 소비 시장이 전쟁으로 인해 봉쇄되면서 원두 판매량은 대폭 감소하였고, 독일 함부르크 항에 쌓여 있던 브라질산 커피는 모두 독일에 압류되었다.

무엇보다 큰 타격은 세계적인 커피 소비국인 프랑스마저 독일군 잠수함에 의해 봉쇄되었고, 중립국인 덴마크와 스웨덴 등도 정치적 이유로 경기 침체를 겪으면서 브라질산 커피 원두의 판매는 최악의 상황으로 치달았다는 점이다.

초조해진 브라질 정부는 사방팔방으로 인맥을 총동원해 전 세계 각국에 커피 원두를 판매해야 했다. 1917년, 프랑스는 브라질 원두 200만 포대를 구매하기로 약속했다. 미합중국의 워싱턴도 원정군을 위해 100만 포대의 커피 원두를 구매할 의향이 있다고 약속했다. 하지만 그들의 구매 조건에는 독일에 대한 전쟁 선포, 즉 '참전'이 포함되어 있었다.

<u>잔인하게도 한 국가의 경제 위기는 전쟁보다 더 참혹한 결과를 낳는다. 고심 끝에 브라질은 결국 1차 세계대전에 참전하게 된다.</u>

프랑스와 미국은 약속대로 대량의 브라질 커피 원두를 구매하였고,

브라질 커피 위기는 일시적으로 완화되었다. 그럼에도 불구하고 남은 커피 원두는 여전히 산더미처럼 쌓여 있었다. 커피 원두의 재고 문제를 완전히 해결하기 위해서는 하늘의 도움이 절실했다. 브라질 국민을 구할 방법은 단 하나였다. 극심한 야간 서리가 내리는 것이다. 이와 같은 혹독한 서리는 이듬해의 커피 생산량을 감소시키고, 생산량이 줄어야만 커피 원두의 가격은 유지될 수 있었다.

다행히도, 얼마 지나지 않아 극심한 밤 서리가 내렸고, 추운 날씨는 커피 꽃과 갓 맺힌 작은 열매를 파괴해 다음 해에 커피 생산을 감소할 수 있었다.

한편, 유럽의 전쟁이 끝나고 경제가 회복되면서 커피 판매량은 증가하기 시작했다. 운 좋게도 당시 커피 생산량의 감소로 공급보다 수요가 큰 탓에 커피 원두의 가격은 폭등하였다. 하지만 브라질 사람들은 뼈저린 교훈을 또다시 잊었다. 위기를 가까스로 넘겼지만, 그들은 아무런 거리낌 없이 커피나무 재배 면적을 계속해서 확장했고, 결국 다음 커피 위기는 머지않아 다시 찾아왔다.

1920년, 사람들은 전쟁에서 패배한 독일 경제뿐만 아니라 승전국도 경제적 손실이 크다는 것을 알게 되었다. 유럽 전체가 막대한 전쟁 채무에 짓눌리며 경제 위기가 닥친 것이다. 이로 인해 사람들의 구매력은 크게 떨어지고 커피 판매량 역시 대폭 감소했다. 게다가 경제 위기 속에서 커피 대용품인 무화과와 차는 합리적 소비품으로 떠오르며 점차 유럽 소비자들에게 인기를 끌기 시작했다. 그 결과, 브라질산 원두는 심각한 판매 부진을 겪어야만 했다.

브라질 정부는 다시 한번 시장에 개입해야 했다. 농장을 구하기 위해 옛 정책을 다시 적용하려 했지만, 유럽 전체의 경제가 침체된 상황이라 브라질 정부의 커피 매입 자금조달은 더욱 어려워졌다. 브라질 정부가 절망하고 있던 그때, 상황은 믿기 어려운 방향으로 반전되기 시작했다.

1920년 1월 16일 0시, 미국에 금주법이 공식적으로 발효되었다. 이 법률은 알코올 도수가 0.5% 이상인 음료를 제조, 판매 또는 운송하는 것은 불법이라고 규정한다. <u>이것이 바로 미국에 깊은 영향을 미친 '금주법'이며, 이 법안은 미국이 세계 최대의 커피 소비국이 되는 기초를 마련했다.</u> 미국인들은 커피가 마치 에너지 충전기처럼 신경과 근육에 지속적인 활력을 공급해 준다는 사실을 깨달았고, 점점 커피를 좋아하게 되었으며, 일부는 술보다 더 심하게 커피에 중독되기도 했다. 이런 절호의 기회에 브라질 커피는 알코올의 빈자리를 메웠고, 커피는 점차 미국인의 알코올 대체품이 되었다.

탐욕이 불러온 브라질 원두의 추락

1913년 미국의 원두 수입량은 650만 포대에 불과했지만 1923년에는 1,200만 포대로 증가했다. 10년 동안 거의 두 배가 된 것이다. 미국의 금주법이라는 신의 한 수 덕분에 브라질은 되돌릴 수 없을 것 같던 커피 위기를 극적으로 해결할 수 있었다.

이번엔 브라질 사람들도 무분별한 재배 확장의 결과가 얼마나 위험한지 인식하기 시작했다. 그들은 똑같은 위기를 다시 겪지 않기 위해 재배 묘목의 숫자를 관리하고 생산량을 엄격히 통제하기로 했다. 하지만 그 이성적 판단은 오래가지 않았다. 커피 농장주들의 탐욕은 다시 고개를 들기 시작했고, 그들을 심리전으로 이끌었다.

'커피 원두 가격이 계속 오르고 있는 상황에서, 다른 사람들은 커피나무 재배 면적을 늘렸는데 나만 바보 같이 약속을 지켜 재배 면적을 늘리지 않는다면 손해가 아닐까?'

이런 어리석은 속셈을 가진 농장주들은 남몰래 재배 면적을 확장했고, 커피나무 재배 면적은 완전히 통제 불능 상태가 되었다. 게다가 농장주들은 이전의 경험을 기억해 정부가 그들을 또다시 지원해 줄 것으로 생각했다. 심지어 커피나무 재배에 문외한인 투기 상인까지 재배에 참여해 커피 원두의 품질은 들쑥날쑥해지고 말았다. 결국 불안정한 브라질 커피 시장을 감지한 국제 커피 바이어들은 리스크를 피하기 위해 브라질 외의 다른 커피 생산지를 찾기 시작했다.

1924년, 브라질에서는 또 한 번 커피가 대풍년을 맞이했다. 예년처럼 커피 재배자들과 플랜테이션 주인들은 정부에 도움을 요청하며 위기를 해결해 달라고 요구했지만, 이번엔 상황이 달랐다. 브라질 정부는 그 요청을 단호히 거절했다.

당시 브라질 정부의 경제력은 전과 같지 않았고, 대량의 커피 원두를 인수할 충분한 자금조차 없었다. 게다가 유럽 금융가들도 이미 브라질 커피 농장주의 탐욕스러운 본성을 간파하고 있었기에, 여러 해 전부터 투자처를 이전하기 시작했다. 이제 그들에게 브라질의 커피 원두는 더 이상 유일무이한 선택지가 아니었다. 콜롬비아, 니카라과, 코스타리카의 커피 생산량 역시 눈에 띄게 증가했으며, 맛 또한 브라질의 커피와 큰 차이가 없었다. 오히려 더 독특한 풍미를 지닌 경우도 많았다.

결국 1929년 10월, 마침내 브라질은 커피 재배 역사상 가장 암울한 날을 맞이하게 되었다. 커피 원두의 가격은 끝없이 폭락했고, 수많은 농장주와 커피 상인이 재산을 탕진했다.

경제학 법칙을 경시하고 탐욕에 눈먼 이들은, 결국 그 탐욕으로 스스로 파멸의 길을 걷게 되었다.

커피가 이뤄낸 환상의 하모니

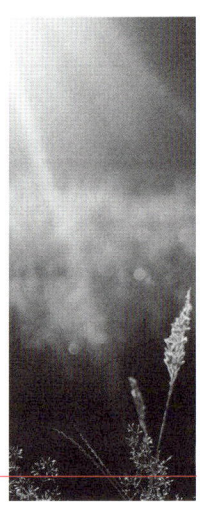

설탕이 1차 산업혁명을 견인한 주요 에너지원이라면, 커피는 산업혁명을 활성화한 촉매제이다.

제1차 산업혁명 시기에 노동자들은 대부분 농민 출신이었다. 미국에서 값싼 곡물이 대량으로 유입되면서 영국 농민들은 곡물 재배로는 수익을 내기 어려운 상황에 직면했다. 많은 농민이 농촌을 떠나 도시로 몰려들었고, 그 덕분에 공장들은 풍부하고 값싼 노동력을 확보하게 되면서 자본가들은 이를 기반으로 번창해 급격한 성장세를 보이기 시작했다.

도시의 노동자가 된 농민들은 농촌에서의 생활 습관을 그대로 도시로 가져왔다. 농촌에서는 일하는 시간과 쉬는 시간의 엄격한 구분이 없어 삼시 세끼를 정해진 시간에 챙겨 먹지 않았다. 바쁠 때는 하루에 한 끼만 먹고 농사일에 매달려야 했고, 한가할 때는 하루에 여러 끼니를 먹기도 했다. 모든 것은 그때그때 상황에 맞추어 움직였고, 정해진 규칙 따위는 없었다.

그러나 섬유 공장, 제철소, 설탕 공장 등에는 엄격한 근무 제도가 마련되어 있어 출·퇴근 및 식사 등 모두 짜인 시간표대로 똑같이 움직여야 했다. 그래서 부부가 같은 공장에 들어오면 두 사람 모두 생산설비에 있어야 해서 식사 문제는 큰 걸림돌이 되었다. 당시 도시의 공장에는 식당 등의 부대시설이 갖추어있지 않았기 때문에 많은 노동자가 작업 틈틈이 빵과 설탕에 의존하여 필요한 에너지를 보충해야 했다.

이때 커피는 집중력을 향상해 주는 각성제이자, 지친 몸에 활력을 불어넣는 흥분제 역할을 했다. 공장의 열악한 환경 속에서 단순 작업의 지루한 노동에 시달리면 몸과 마음이 쉽게 지친다. 카페인은 이런 환경에 있는 노동자들에게 기쁨과 즐거움을 선사하며, 졸린 오후를 이겨낼 수 있도록 도와주었다. 한 역사학자는 산업혁명 초기의 공장 생활의 모습에 대해 다음과 같은 기록을 남겼다.

"방직공장에서 일하는 수많은 여공은 겨우 입에 풀칠할 정도의 돈을 벌기 위해 방적기 앞에 앉아 하루 종일 천을 짰다. 그녀들은 점심과 저녁을 준비할 시간도 없어 커피를 마시며 허기를 달랬다."

뜨거운 커피는 기운을 북돋울 뿐만 아니라 포만감을 안겨주었다. 이로 인해 노동자들의 커피에 대한 의존도는 점점 높아 갔다. 많은 근로자가 식사에 곁들이는 음료를 맥주에서 커피로 대체했다. 수면 부족과 고된 일에 시달리는 노동자들이 근무 중에는 말짱한 정신을 유지해야 했기 때문이다. 졸린 눈을 비비며 일어나 진한 커피 한 잔을 마시면 오전 내내 엄습해 오는 나른함과 졸음을 몰아낼 수 있었다.

생활필수품이 된
커피의 매력

제1차 산업혁명의 핵심에는 제조업이 있다. 자본가들은 자신의 공장이 24시간 가동되기를 원했고, 그런 그들에게 커피는 아주 요긴한 발견이었다. 자본가들은 심지어 자비로 노동자들에게 커피를 제공하기도 했다. 노동자들이 이 흥분제를 마시고 더 활기차게 일하기를 원하는 희망의 발로였다. 역시 커피의 효과는 아주 뛰어났다. 과거에 노동자들이 하루에 대여섯 번 쉬어가며 일해야 했다면, 커피를 제공한 이후로는 쉬지 않고 연속으로 일할 수 있게 된 것이다.

산업혁명 후기, 노동자 가정의 식단에는 큰 변화가 생겼다. 이전처럼 그렇게 단출하지 않았다. 육류, 감자, 치즈, 버터, 우유 등의 다양한 식재료가 식탁에 오르기 시작했다. 하지만 변하지 않는 한 가지가 있었다. 차, 커피, 설탕에 대한 소비였다.

통계에 따르면 도시 노동자 가정의 차, 커피, 설탕의 지출액은 평균적으로 농촌 가정의 두 배에 달했다. 장기간 열악한 환경에 노출되는 노동자일수록 커피에 쓰는 비용을 아끼지 않았다. 당시 70% 이상의 노동자 가정이 커피를 없어서는 안 될 생활필수품으로 여겼다. 커피는 노동자의 모든 순간에 함께 등장했다.

커피, 설탕, 차의 조합은 인류 역사상 중대한 전환점인 산업혁명을 뒷받침한 중요한 기반이었다.

미국 작가 마크 펜더그라스트Mark Pendergrast는 커피에 대해 이런 글을 남겼다.

> "귀족의 음료였던 커피는 이제 대중에게 필수적인 약이 되었고, 아침 식사에서 맥주와 수프를 대신하게 되었다."

산업혁명이 진행되면서 사람들 간의 협력과 이를 위한 자금조달 등에 대한 필요성이 점차 커졌다. 처음 만나는 사람들과 원활한 협력을 위해서는 대화를 나눌 편안한 공간이 필요했다. 긴장된 분위기의 사무실은 이에 부적합했다. 따라서 카페는 자연스럽게 비즈니스를 위한 요긴한 공간이 되어 주었다.

1650년, 레바논 출신의 유대인 이민자 제이콥Jacob은 옥스퍼드에서 영국의 첫 번째 카페인 '그랜드 카페The Grand Café'를 열었다. 이후 영국에서는 카페가 점차 인기를 끌었고, 편안한 분위기의 카페는 '창의적 발상의 요람'이 되었다. 세계 발전에 공헌한 많은 아이디어는 카페에서 탄생하였다. 예를 들어, 런던의 증권거래소나 런던 로이드사의 설립 등은 모두 사람들이 카페에 앉아 생각해 낸 것들이다.

　카페에서는 사람들이 다양한 정보를 자유롭게 교환할 수 있다. 대학 교수, 작가, 정치인들 모두 이곳에 모여 자신의 의견을 자유롭게 이야기하고 학문을 교류한다. 술집처럼 시끄럽지도 않고, 식당처럼 번잡하지도 않은 이곳은 진한 커피 향이 어우러져 학문적 분위기를 더욱 고취한다. 전 세계의 카페에서는 뜨거운 커피 한 잔과 함께 여러 건의 계약이 체결되었다. 통계에 따르면, 카페에서 체결된 계약은 산업혁명 기간 체결된 계약 중 30% 이상을 차지한다.

　그 시대의 영국에서는 몇 펜스만 지불하면 커피 한 잔과 함께 카페에 앉아 시인, 교수 등의 토론을 들을 수 있었다. 큰돈을 들이지 않아도 무료로 배움의 기회를 얻을 수 있는 것이다. 이는 서민 가정 아이들의 배움에 대한 욕구를 충족시켜 주었다. 이를 계기로 영국인들은 카페를 '페니 대학교'라고 불렀다. 윌리엄 우커스 William Ukers는 자신의 저서 『커피에 관한 모든 것 All About Coffee』에서 다음과 같이 서술했다.

　　"커피가 전파되는 곳마다 혁명이 불붙었다. 사람을 사고하게 만든다는 점에서 커피는 인간 세상에서 가장 급진적인 음료이다. 민중이 깊이 생각하기 시작하면 사상과 행동의 자유를 억압하는 자나 독재자들은 위협을 느낀다."

이런 맥락에서 북아메리카의 카페는 새로운 사상을 교류하고 식민지국을 양산하는 전체주의에 맞서 싸우려는 이들의 만남의 장소가 되었다.

1773년, 보스턴의 한 카페에 영국의 세금 징수에 반대하는 사람들이 모였다. 그들은 이를 관철하기 위한 행동을 비밀리에 계획했는데, 이것이 유명한 '보스턴 차 사건'이다. 이 사건은 미국 독립 전쟁을 촉발하는 직접적인 요인이 되었다.

코피 루왁 kopi Luwak의 희소성

　커피 산업의 지속적인 발전에 따라, 미식가들은 더 이상 단순히 갈아서 우려내는 커피에 만족하지 않았다. 라테, 카푸치노, 모카, 캐러멜 마키아토, 라테 마키아토, 아메리카노 등 새로운 맛, 더 다양한 종류의 커피를 끊임없이 창조해 냈다. 이와 더불어 사람들은 어디서나 볼 수 있는 흔한 원두에 만족하지 않고 희소성이 있는 커피콩에 열광하기 시작했다.

　경제학자들은 희소성이 즉, '가치'라고 강조한다. 커피 역시 희소성의 가치가 적용되는 상품이다. 미식가들은 더 구하기 힘들고 그래서 더 비싼, 이로 인해 자신의 정체성을 대표할 수 있는 커피를 원했다. 그중 가장 보편적 인기를 누리고 있는 것이 '코피 루왁Kopi Luwak'이다. 이 커피는 사향고양이가 먹은 커피 열매의 배설물에서 유래한 것이다. 사람들은 사향고양이에게 커피 열매를 먹인 뒤, 고양이가 배설한 배설물 속에서 원두를 골라내어 세척하고 로스팅하는 방식으로 이 커피를 제조한다.

사향고양이는 인도네시아에 많이 서식한다. 18세기 초, 인도네시아를 식민지로 만든 정복자들은 수마트라섬과 자바섬 일대에 커피나무를 심었다. 현지 사향고양이는 종종 커피 열매를 훔쳐 먹었는데, 커피를 마시고 싶어도 살 수 없었던 일부 가난한 농부들은 사향고양이의 배설물에서 커피콩을 찾았다. 그들은 이를 씻어 말린 후 갈아 마셨는데, 일반 커피보다 훨씬 더 풍미가 좋았다. 사실 이는 사향고양이의 소화 과정에서 신기한 효과가 생겨난 것이 아니라 사향고양이가 가장 잘 익고, 가장 달콤한 원두를 골라 먹었기 때문이다. 후각이 예민한 사향고양이가 식욕이 이끄는 대로 우연히 커피 열매 선별 작업을 한 것일 뿐이다. 엄선된 커피 열매를 먹고 배설한 커피콩이니 당연히 맛이 좋을 수밖에 없다.

코피 루왁은 점차 명성을 떨치며 국제 시장에서 최고급 인기 상품이 되었다. 하지만, 사향고양이는 체구가 크지 않은 동물로 식사량도 그다지 많지 않다. 또한 야생 사향고양이 개체 수도 많지 않아 코피 루왁의 희소성은 높아졌고, 가격 또한 급등하였다.

가격은 인간의 행동을 변화시킨다. 상인들은 코피 루왁의 생산과 무역에 손을 대기 시작했다. 대규모 생산을 위해 그들은 인공적으로 사향고양이를 사육하는 방식을 채택했다. 인위적으로 사향고양이를 사육하는 것은 사실 맛 좋은 커피 열매를 선별하는 과정을 생략하는 것이다. 그러니 당연히 맛이나 품질면에서 아무런 이점이 없다. 사육된 사향고양이의 배설물로 만든 코피 루왁은 단지 하나의 속임수에 불과하다. 단지 '이야깃거리'로 소비자의 호기심만 자극할 뿐이다.

커피계의 에르메스, 게이샤

커피의 진정한 왕좌는 속임수로 쌓아 올린 모래탑 같은 코피 루왁이 아니라, 커피 업계에서 당당히 최고급으로 인정받는 게이샤 커피Geisha Coffee이다.

최고의 파나마 커피를 가리는 '베스트 오브 파나마Best of Panama'에서 "나는 커피 안에서 신의 얼굴을 보았다"라는 품평을 받으며 '신의 커피'라 불리는 커피 원두가 '게이샤 커피'이다. 국가별 바리스타 대회에 출전하는 많은 선수가 게이샤를 대회용 원두로 선택하는 것만 보아도 게이샤 원두가 커피 업계에서 차지하는 위치를 알 수 있다.

게이샤 커피는 커피나무의 원산지인 에티오피아에서 유래하였다. 1931년, 에티오피아 고리Gori의 게이샤 숲에서 발견되어 '게이샤'라는 이름이 붙은 이 원두는 꽃향기가 감도는 은은한 단맛의 최고급 커피다.

게이샤 원두는 매우 아름다운 청록색을 띠며, 옥처럼 매끈한 촉감을 지니고 있다. 게이샤 원두는 품종에 따라 베르가모트, 플로럴, 장미, 재스민, 복숭아 등 다양한 향을 품고 있어 커피 애호가들의 감각을 사로잡는다.

게이샤 커피는 아라비카Arabica, 로부스타Robusta, 리베리카Liberica, 그리고 엑셀사Excelsa 등 세계적으로 유명한 커피 품종을 차례로 제치고 2005년~2007년 '베스트 오브 파나마' 대회에서 연속적으로 1위를 차지했다.

하지만 좋은 물건이 반드시 비싼 것만은 아니다. 게이샤는 뛰어난 맛을 자랑하지만, 가격은 비교적 합리적이다. 한국에서 일반적인 게이샤 커피 원두 1kg은 40,000원 정도에 판매가 되고, 커피숍에서는 한 잔에 8,000원 정도에 즐길 수 있다. 1파운드(450g)당 미화 120달러(한화 16만 원)에서 600달러(한화 80만 원)에 달하는 코피 루왁에 비해 게이샤는 확실히 가성비가 뛰어나다고 할 수 있다.

시대가 변하면서 카페도 사람들의 요구에 맞춰 끊임없이 변화하고 있다. 카페는 비즈니스 업무와 사교의 장소가 되었고, 전 세계 커피 산업도 1,000억 달러 규모의 글로벌 산업으로 발전했다. 통계에 따르면, 2027년 전 세계 커피 시장 규모는 1,550억 달러를 초과할 것으로 예측된다.

전 세계 커피 분야는 많은 우수한 커피 브랜드를 배출했다. 그중 대표적인 것이 세계 최대의 커피 프랜차이즈 브랜드인 '스타벅스'다. 적절한 위치 선점과 우수한 제품, 쾌적한 환경으로 전 세계적으로 거의 12,000개의 지점이 있다. 미국의 해양 소설『모비딕Moby Dick』의 등장인물인 커피를 사랑한 일등 항해사 스타벅Starbuck의 이름에서 스타벅스의 브랜드명이 유래했다. 창립자는 이 이름을 좀 더 부르기 쉽고 부드러운 어감을 주기 위해 이름 뒤에 's'를 추가하여 'Starbucks'로 바꾸었다. 2024년 기준으로 스타벅스의 매출은 361억 달러, 순이익은 37억 달러에 달하며 세계적인 커피 브랜드로서 확고한 입지를 이어가고 있다.

한국의 커피 소비량은 연간 약 405잔에 달하며, 이는 전 세계 평균치인 105잔의 3배 가까이 되는 수치다. 연간 318잔을 마시는 미국보다 더 많은 양을 소비하고 있는 것이다. 한국에서 커피 소비량이 높은 이유는 고도의 업무 집중도와 빠른 처리 속도를 요구하는 한국 특유의 문화에서 기인한 것이다. 산업혁명 기간의 노동자들이나 현재를 사는 우리 인류는 피로 해소와 집중력을 높이기 위해 커피와 떼려야 뗄 수 없는 불가분의 관계가 되었다.

중독의 비밀, 행동경제학이 비즈니스에 주는 시사점

만약 어떤 상품이 사용자를 중독시킨다면, 사용자는 기꺼이 비싼 비용을 내면서까지 그 상품을 갖고자 하는 강한 욕구가 생길 것이다. 그런데 이런 중독성이 강한 상품에 뚜렷한 해악이 없다면, 이것은 바로 더할 나위 없는 완벽한 상품이 된다. 그런 의미에서 커피와 차는 모두 완벽한 상품이라 할 수 있다.

그렇다면 사람들은 도대체 왜 커피나 차와 같은 상품에 중독되는 것일까? 고대 그리스의 시인 호메로스의 작품으로 전해지는 대서사시 『오디세이아Odyssey』에서는 '트로이 전쟁'의 원인인 헬레네의 손에는 정력을 왕성하게 하고, 잠들지 않게 하며, 전투력을 폭발시키는 '마법의 물약'이 있다고 적혀 있다. 많은 이가 이 물약을 '커피'라고 추정한다.

　1820년, 독일의 유기화학자 프리들리프 페르디난트 룽게Friedlieb Ferdinand Runge는 커피에서 처음으로 카페인을 추출했다. 카페인의 분자식은 '$C_8H_{10}N_4O_2$'로 흰색 깃털과 눈송이를 닮은 침상 결정 형태이며, 약간 씁쓸한 맛이 난다. 카페인의 주요 성분인 크산틴은 일종의 흥분제로, 특히 천식 증상을 치료하는 데 효과가 있어 기관지 확장제로 자주 사용된다. 크산틴은 도파민을 분비하도록 자극해 뇌의 신경 세포를 흥분시키고, 집중력을 키우며 신체의 유연성을 개선해 몸이 가벼워진 듯한 느낌을 준다.

　스위스 학자 구스타브 폰 붕게Gustav Von Bunge는 인류가 왜 커피에 중독되는지를 다른 각도에서 설명했다. 그는 크산틴은 질소가 풍부해서 세포로 전달되는 속도가 매우 빠른데, 사람들이 카페인을 갈구하는 것은 결국 인간의 조직을 이루는 물질 가운데 하나인 크산틴을 축적하고자 하는 무의식적인 욕구일 뿐이라고 말했다. 게다가 커피에는 카페인만 있는 것이 아니라 담배, 와인보다 더 많은 향미 물질을 함유하고 있다. 이러한 요소들이 서로 융합되고 복잡하게 얽히며 비로소 진한 커피 향과 독특한 맛을 내는 것이다.

　사람들이 커피를 마시는 순간 몸이 어떻게 반응하는지 알아보기 위해 일본의 한 대학은 커피를 마시는 사람들을 대상으로 지속적인 신체의 혈액량 변화를 측정했다. 그 결과 사람들이 커피 향을 맡는 순간 우뇌에서 쾌감 조절을 담당하는 부위의 혈액량이 빠르게 증가하고, 커피를 마시는 순간 혈관 내의 혈액의 이동 속도가 더 빨라지는 것을 확인할 수 있었다.

중독에도 합리적인 계산이 들어 있다

이제 가장 근본적인 문제로 다시 돌아가 보자. 그렇다면 사람들은 왜 중독되는 것일까?

'중독성'이라는 개념은 사람들이 오랜 기간 특정 약물을 사용하면서 그 약물에 강하게 의존하는 현상을 설명하기 위해 사용되었다. 여기에는 생리적 의존뿐만 아니라, 심리적 중독, 행동적 중독 등도 포함된다.

미국 경제학자 게리 베커Gary Becker와 케빈 머피Kevin Murphy는 경제학적 관점에서 '합리적 중독 이론Rational Addiction Theory'을 제시하여, 사람들이 왜 약물 외의 다른 것(도박, 쇼핑, SNS)에도 중독되는지, 그리고 중독 후 지속적인 소비량을 어떻게 유추하여 계산할 수 있는지를 설명했다.

게리 베커의 주장은 다음과 같다.

> "사람들은 중독적인 소비를 할 때조차도 합리적으로 행동한다. 사람들은 자신의 효용(만족감)을 극대화하기 위해 미래를 고려하면서 현재의 소비를 결정한다."

즉, 인간은 단순히 순간적인 쾌락만을 좇는 것이 아니라, 자신의 효용을 최대화하기 위해 장기적인 기대 이익과 비용을 계산하여 일관된 소비 패턴을 유지한다는 뜻이다.

게리는 '베커-머피 모델'을 제안하며, 소비자의 선호는 시간이 지나도 좀처럼 변하지 않기 때문에 합리적인 소비자는 자신의 효용 함수, 소비 자본 함수, 그리고 상품 가격에 대한 기대를 바탕으로 최적의 소비 경로를 계산하고, 미래의 소비량을 결정한다고 주장했다.

하지만 게리는 중요한 문제를 간과했다. 바로 개인의 계산 능력이 제한적이라는 것이다.

누구도 자신의 현재와 미래의 소비량을 계산해서 일생의 최적 소비량을 도출하기는 힘들다. 따라서, 이는 현실적으로 실현되기 어려운, 그저 아름다운 가설에 불과하다.

여러 경제학자는 많은 사람이 어떤 상품에 중독될지 사전에 예측하지 못하며, 실제 소비 경험을 유추한 뒤에야 자신이 이미 중독되었음을 뒤늦게 깨닫는다고 보았다. 이들은 자신의 선택을 후회할 수도 있지만, 이미 중독에서 벗어나기 어려운 상태가 되어버렸다. 심지어 자신이 중독되었는지조차 인지하지 못하고 있는 상황에서, 소비량을 계산하려면 더 많은 변수가 필요하다.

미국 조지워싱턴대학교 경제학과 교수인 마리우시 수라노비치Mariusz Suranowicz는 '합리적 중독 이론'을 보완하고자 보다 현실적인 소비자 행동을 반영한 대안 이론을 제시하였다. 그는 기존의 합리적 중독 이론이 가정하는 바와 달리, 소비자들은 복잡한 미래의 최적 소비 경로를 실제로는 계산하지 않는다고 보았다. 그에 따르면, 소비자들은 현재 중독성 상품을 소비할 경우 미래에 중독될 가능성은 인지하지만, 이를 바탕으로 장기적인 효용 극대화를 위한 정교한 계획을 세우지는 않는다. 단지 현재의 소비량만을 결정한다고 주장했다.

일단 중독된 소비자가 소비를 중단하거나 줄이려고 할 때, 강한 부정적 감정을 경험할 가능성이 크다. 심한 경우 생리적인 고통까지 수반될 수도 있다. 이때, 중독을 끊는 데 필요한 비용이 중독 유지 여부를 결정하는 핵심 요인이 된다.

예를 들어, 지금 당장 술을 끊지 않으면 생명이 위험하다고 하면 금주는 비교적 쉬운 선택이 된다. 반면, 커피를 끊지 않아도 당장 건강에 큰 해가 없고, 오히려 커피를 마시지 않음으로써 활력을 잃는다면 금단 과정이 어렵게 느껴질 것이다.

이러한 점에서, 수라노비치는 '금단 비용 Withdrawal Cost' 개념을 도입하고, 이를 효용 함수 Utility Function 의 독립적 요소로 포함할 것을 제안했다.

쉽게 말해, 대부분의 '중독성 소비'는 본질적으로 스트레스 해소를 위한 소비이다.

의식적인 소비 습관에
중독된 현대인

　우리는 스트레스가 가득한 환경에서 살아가고 있으며, 이러한 환경에서 사람들은 다양한 방식으로 해소 방법을 찾고 있다. 어떤 사람들은 매운 음식의 강렬한 자극을 즐기고, 어떤 사람들은 달콤한 케이크를 찾으며, 어떤 사람들은 커피의 쓴맛을 좋아하고, 또 어떤 사람들은 향긋한 와인을 마시고 나른해지는 감각을 즐긴다. 이 모든 행위는 현대 도시 생활의 빠른 리듬과 맞물려 있다.

　젊은 세대의 중독성 소비 형태는 점점 다양해지고 있지만, 그 근본적인 동기는 여전히 스트레스 해소와 감정 조절이다. 빠른 속도로 돌아가는 일상에서 많은 사람이 순간적인 감각적 만족감을 통해 긴장을 풀고 부정적인 감정을 해소한다.

　이에 착안하여, <u>기업과 브랜드들은 소비자의 이러한 심리를 이용해 다양한 '중독성 상품'을 만들어 내고 있다.</u> 그리고 미디어를 활용해 <u>'당신의 중독 욕구를 충족시켜 줄 수 있는 제품'이라는 이미지를 각인시키며 소비자를 유혹한다.</u>

　기업들은 '의식적인 소비 습관'을 조장하여 소비자에게 의식 자체에 중독되도록 만든다. 적절한 시기가 도래하면 소비 욕구가 자동으로 활성화되도록 설계하는 것이다. 예를 들어, '가을의 첫 번째 밀크티'라는 개념을 만들어 내면, 소비자들은 가을이 오면 자연스럽게 밀크티를 마서야 한다고 느끼게 된다. 일부 커피 광고에서는 밝고 고급스러운 대기업 사무실을 배경으로 설정하여, 커피를 마시는 것이 도시의 엘리트 문화의 일부라고 각인시킨다. 소비자들은 실제로 커피를 좋아하지 않더라도, 커피를 마시는 것이 곧 '엘리트 직장인의 상징'이라는 인식 때문에 커피를 찾게 된다.

특히 현대 사회에서는 개인의 위치와 이미지를 중요시하는 경향이 강해지면서, 사람들은 특정한 이미지와 정체성에 중독되기도 한다.

프랑스의 한 철학자는 이렇게 말했다.

> "커피의 등장은 유럽 문명에서 위대한 혁신 중 하나이며, 그 중요성은 불의 발견 다음으로 크다."

역사적으로 볼 때, 커피는 서구와 이슬람 세계의 변화에서 중요한 역할을 해왔다. 에티오피아의 한 목동이 커피를 발견한 이후 1,000년이 넘는 시간 동안 카페인은 전 세계를 매혹하며, 수억 명의 사람들을 열광적으로 중독시켰다.

커피는 기독교와 무슬림 간의 전쟁을 겪었고, 네덜란드와 브라질의 커피 산업 경쟁을 목격했으며, 영국에서 커피 선물先物 시장이 형성되는 과정에도 참여했다. 또한, 브라질 커피 농장주들의 탐욕이 초래한 경제위기도 목격했다.

커피 한 잔에 담긴 천년의 역사는 단순한 경제사가 아니라 인간 본성과 사회, 문화를 아우르는 거대한 대서사시다.

제4장

돌고 도는 돈

"돈이든 재산이든 무슨 상관인가?
오래된 술이 곧 돈이며, 오래된 술이 곧 재산이다."

― 미국 작가 랜돌프Randolph

먹보 인류의
맥주 사랑이 이끈
농업혁명

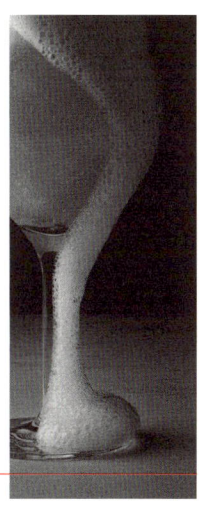

기원전 6000년경, 한여름의 메소포타미아 평원은 서쪽 시리아 사막에서 불어오는 열풍으로 무더위에 휩싸여 있었다. 숨 막히는 더위 속에서 수메르인들은 갈증을 해소하고 더위를 식혀줄 음료를 절실히 원했다. 하지만 콜라도, 사이다도, 아이스크림도 없던 시대였기에 그들은 직접 해결책을 찾아야 했다.

수메르인은 문명의 발상지를 창조할 당시, 인류 최고 수준의 기술력을 지닌 사람들이었다. 오늘날 우리가 사용하는 바퀴, 점성술, 의학, 학교, 도서관, 법률, 음악 등은 모두 그들의 발명품이다. 그러니 음료를 발명하는 것쯤은 시간문제였다.

수메르인의 주식은 보리, 대추야자, 밀이었다. 일반적으로 이 세 가지 재료는 단순한 조합으로 많아야 여섯 가지 음식 정도밖에 만들 수 없다. 아무리 뛰어난 요리사라도 이 재료로 새로운 혁신적인 요리법을 개발하기는 어려웠을 것이다. 그러나 수메르인들은 색다른 방법을 찾았다. 단조로운 식재료를 이용해 인류 역사에 길이 남을 위대한 발명을 해냈는데 그것이 바로 '맥주'다.

메소포타미아 평원에는 야생 밀과 보리가 무성하게 자라고 있었다. 하지만 야생에서 자라는 곡물은 너무 거칠어 먹기 어려웠다. 이에 수메르인들은 거친 곡물을 돌로 빻아 물에 불려 먹었다. 그렇게 하면 훨씬 부드럽고 먹기 쉬웠기 때문이다.

그러던 어느 날, 한 수메르인이 빻은 곡물을 물에 담가 놓고 사냥을 나갔다 며칠 후 돌아와 보니, 돌 항아리에 담겨 있던 곡물이 발효되어 독특한 향기를 내뿜고 있었다. 이는 바로 맥주의 향기였다. 그는 호기심에 발효된 것을 먹어보았고, 오후 내내 난생처음 겪어보는 황홀하고 묘한 상태에 빠져 있었다.

<u>맥주는 누군가의 의도적인 발명이라기보다는, 오히려 '발견'에 가깝다. 자연 그 자체가 인류사에 있어 가장 위대한 양조사인 셈이다.</u> 보리, 빗물, 공기가 만나 자연스레 발효가 일어나면서 인류가 8,000년 동안 즐겨온 맥주가 탄생했다.

수메르인들의 낙원, 맥주와 함께하는 삶

수메르인들은 이 새로운 음료에 푹 빠졌다. 그들은 수많은 실험을 거듭하며 맥주의 양조 과정을 개선해 나갔다.

곡물이 클수록, 발효 시간이 길수록 맥주의 맛이 더 좋아졌다. 큰 곡물에는 당분이 더 많아 효모가 이를 분해하는 과정에서 더 많은 알코올을 생성할 수 있고, 같은 항아리를 반복해서 사용하면 맥주 맛이 더 좋아졌다. 이는 현대의 '숙성' 개념과 유사하다. 같은 나무통을 계속 사용하면 미생물이 축적되어 풍미가 더욱 깊어진다. 결국, 수메르인들은 20가지가 넘는 종류의 맥주를 만들어 냈다. 신선한 맥주, 흑맥주, 강한 맥주, 붉은색 맥주, 연한 맥주 등 다양한 스타일의 맥주가 탄생했다.

수메르인들의 눈에 맥주는 단순한 음료가 아니었다. 영양소가 풍부해 특히 힘든 노동에 시달리는 이들 사이에 인기가 높았다. 단백질, 비타민 C, 비타민 B가 다량으로 함유되어 있었으며, 당화(糖化)된 전분 덕분에 포만감을 줘 배고픔을 달랠 수 있었다. 귀족들은 맥주의 풍미를 더욱 깊고 다채롭게 만들기 위해 다양한 재료를 첨가했다. 과일, 꿀, 향신료, 약초, 나무껍질 등을 넣어 고유의 맛을 창조해 낸 것이다.

고대 이집트와 수메르의 부유한 사람들의 부장품에는 맥주가 포함되어 있었다. 고고학적 발견에 따르면, 고대 이집트의 무덤에는 거의 항상 맥주 양조 및 빵을 굽는 도구가 발굴되었다.

예를 들어, 이집트 파라오 투탕카멘의 무덤에서는 맥주를 여과하는 필터가 발견되었는데, 이는 당시 이집트인들이 이미 상당히 발전된 양조 기술을 보유하고 있었음을 증명한다.

수메르인들에게는 이런 속담이 있다.

"맥주는 곧 즐거움이요. 고통은 탐험이다."

그들은 맥주를 찬양하는 시를 지었으며, 술기운이 살짝 오르면 신과 교감할 수 있다고 믿었다.

인류 발달사를 연구하는 학자들 사이에는 오랫동안 하나의 의문이 존재해 왔다.

"왜 인류는 그토록 의존했던 사냥과 채집을 포기하고 농경 생활을 선택했을까?"

일부 연구자들은 맥주에서 그 원인을 찾았다. 메소포타미아 평원과 이집트 지역의 유물 발굴과 기록에서 알 수 있듯이 수메르인들이 너무나도 사랑하는 맥주를 안정적으로 공급하려면 많은 곡물이 필요했다. 그러나 자연 상태에서 자라는 야생 곡물의 수확량은 한정적이고 그마저 불안정했다. 결국, 농업을 시작해야만 충분한 맥주를 확보할 수 있었던 것이다. 이로써 인류 최초의 '농업혁명'이 탄생했으며, 맥주는 인류 문명의 발전을 촉진하는 중요한 역할을 했다.

맥주는 수메르인들에게 단순한 음료 이상이었다. 축제 의식이든 종교 제사든 반드시 맥주가 필요했고, 남녀노소, 지위고하, 빈부격차를 뛰어넘어 모든 사람의 필수품이었다. 수메르어에서 '연회宴會'라는 단어는 '맥주와 빵이 있는 곳'을 의미했다.

메소포타미아 평원에서 출토된 쐐기형 문자에는 당시 맥주에 대한 사람들의 수요가 명확하게 기록되어 있다. 수메르인들의 맥주 소비량은 신분에 따라 달랐는데 직위가 높을수록 더 많은 맥주를 얻을 수 있었다. 가장 하층 노동자는 하루 1L, 일반 관리자는 하루 2L, 고위 관리 및 왕실 관계자는 하루 3L, 지역 행정 장관은 하루 5L를 마실 수 있었다.

하얀 거품으로 시각을 자극해 오감을 만족시키는 음료, 맥주. 이 음료는 석기 시대의 작은 마을에서부터 메소포타미아의 연회장, 그리고 오늘날 일상에까지 수천 년 동안 인류와 함께해 왔다. 이 신비로운 액체는 단순한 음료가 아니라, 인류 역사, 문화, 문명을 담은 한 잔의 시간이다.

금과 은에 버금가던 술의 전성시대

맥주는 수메르인들의 더운 여름을 식혀주는 역할을 했지만, 자연 발효로 만든 맥주는 도수가 낮았다. 최고의 자연 효모를 사용해도 알코올 도수 15도를 초과하는 술을 만들 수 없었다. 결국 15도는 자연 발효의 한계이자, 맥주의 알코올 도수의 상한선이 되었다. 하지만 큰 바다를 항해하는 강한 포부의 남자들에게 15도짜리 맥주는 만족스러울 리가 없다. 그들은 더 강렬한 맛과 힘을 상징하는 더 높은 도수의 독주를 원했다.

『성경』에는 술에 관한 이야기가 나온다. 홍수에서 살아남은 노아가 터키의 아라라트산 기슭에 포도나무를 심고, 그 열매를 발효시켜 포도주를 만들었다. 하지만 포도주는 맥주와 마찬가지로 도수가 낮아 사람들이 기대하는 독주의 기준에 미치지 못했다.

강력한 항해술과 선박 기술을 보유했던 아랍인들은 장기간 항해하는 선원들을 위해 더 독한 술을 만들고자 했고, 이러한 요구 속에서 세계 최초로 증류 기술을 개발하며 혁신적인 독주烈酒의 발전을 이룩했다.

8세기, 아랍 학자 자비르 이븐 하이얀 Jabir ibn Hayyan은 세계 최초로 증류주를 만드는 데 성공했다. 그는 새로운 증류 장치를 개발하여, 포도주를 가열하고 증류한 뒤 알코올 농도를 높이는 방법을 고안했다.

알코올의 끓는점은 78℃, 물의 끓는점은 100℃이다. 포도주를 78~100℃ 사이에서 가열하면 알코올이 먼저 증발하고 이를 냉각시켜 순수한 알코올 농도를 높이는 방식으로 독한 술을 추출할 수 있다. 이러한 방법으로 반복 증류를 하면 점점 도수가 높아지는 강력한 술을 만들 수 있고, 이 기술은 후에 럼 Rum, 보드카 Vodka, 중국의 백주白酒와 같은 각국의 대표적인 독주 제조법으로 발전하게 되었다.

권력의 상징, 독주의 독보적 행진

독주는 어떻게 인기를 끌게 되었을까? 독한 술은 강한 인상을 남긴다. 기존의 맥주와 포도주가 한없이 약하게 느껴졌던 남성들은 너도나도 독주를 찾기 시작했다.

이어 유럽인들도 아랍인의 증류 기술을 배우기 시작했다. 최초로 독주 증류를 시도한 인물은 이탈리아의 연금술사 미카엘 살레르누스 Michael Salernus였다. 그는 아랍 문헌에서 증류 기술을 배워, 고농도 포도주에 소금을 섞고 고온에서 증류하는 방법을 사용했다. 그 결과 '불타는 물Aqua ardens(연소수)'이라 부르는 고농도 알코올을 얻었다. 이는 불을 붙이면 즉시 타오를 정도로 높은 알코올 도수를 지녔으며, 마시는 순간 목이 불타는 듯한 강렬한 자극과 함께, 혈액 순환이 활발해지고 몸이 달아오르는 효과가 있었다. 그래서 러시아, 북유럽 등 추운 지역은 특히 독주 소비가 많다.

증류주가 발명된 시기는 대항해 시대와 맞물렸다. 이 시기에 유럽 국가들은 전 세계로 식민지를 개척했고, 독주는 단순한 기호식품을 넘어, 중요한 경제적 자원으로 자리 잡았다.

특히, 아프리카에서는 독주가 화폐처럼 사용되었다. 아프리카에서는 부족 간 전쟁이 빈번했으며, 패배한 부족은 승리한 부족의 노예가 되었다. 유럽인들은 이 노예들과 '교환 거래'를 하기 시작했는데, 노예를 금, 비단, 조개껍질, 금속 그릇 등과 맞바꿀 수 있었다. 특히 가장 인기 있었던 거래 품목이 '설탕' '고추' 그리고 '독주'였다. 심지어 일부 부족들은 '독주'로만 교환하는 거래를 요구하기도 했다.

그런데 왜 뜨거운 나라인 아프리카에서 독주가 그렇게 인기가 많았을까?

아프리카인들은 원래 꿀술Honey Wine과 맥주를 즐겼지만, 유럽산 독주를 처음 접한 뒤 그 강한 도수에 매료되었다. 몇 잔만 마셔도 금방 취할 수 있었기 때문에, 독주에 대한 선호는 급격히 증가했다. 결국 독주는 아프리카에서 '거래의 수단'이자 '권력의 상징'이 되었다. 특히 그중 '브랜디Brandy'는 부족장의 권력을 상징하는 술이었다. 브랜디가 없으면 부족장으로서 체면이 서지 않았으며, 아프리카에서는 브랜디 한 병으로 어떤 상품이든 구매할 수 있었다. 유럽인들이 성실한 노예를 구매하려면 먼저 부족장에게 '브랜디'를 뇌물로 바쳐야 했다.

이렇게 브랜디는 아프리카에서 화폐처럼 사용되었으며, 심지어 일반 노동자들도 금보다 브랜디로 임금을 받고 싶어 했다. 즉, 유럽의 독주는 단순한 술을 넘어, 아프리카 경제와 노예 무역의 중요한 경제적 자원이 되었다.

미국 독립 전쟁을 촉발한 중독성 강한 럼주

브랜디의 원재료는 포도주이며, 포도주는 포도를 원료로 한다. 하지만 포도는 한정된 자원이다. 아프리카에서 브랜디에 대한 수요가 지속적으로 증가하면서 포도의 공급이 점차 부족해졌다.

1637년, 네덜란드인 피터 블로어Pieter Blower는 인도에서 재배되던 사탕수수 묘목을 카리브해 바베이도스섬으로 가져왔다. 이후 사탕수수 재배업과 설탕 제조업은 이곳의 핵심 산업으로 자리 잡았으며, 카리브해의 다른 섬들도 빼곡히 사탕수수가 들어찼다. 바베이도스에서 수확된 사탕수수는 현장에서 즉시 가공되어 설탕으로 만들어진 후, 흑인 삼각무역Black Triangle Trade(대서양의 노예 무역)을 통해 유럽으로 운송되었다.

사탕수수즙을 졸여 걸쭉한 시럽으로 만든 후, 이를 추가로 정제하여 백설탕으로 만드는 과정에서는 여러 부산물이 발생하는데, 그중 가장 많이 생산되는 것이 바로 점성이 높고 약간 쓴맛이 나는 당밀molasses이다.

약 2kg의 설탕을 생산할 때마다 1kg의 당밀이 발생한다. 당밀은 악취가 나고 맛이 써서 원래는 폐기되곤 했다. 그러나 아메리카 대륙의 사탕수수 농장에서 일하던 노예들은 설탕을 먹을 수 없었기 때문에 버려진 당밀을 주워 먹어야 했다.

당밀을 주워 먹던 노예들은 당밀이 발효되면 알코올이 포함된 액체가 생성된다는 사실을 발견하게 되었다. 이 발효된 액체를 여러 차례 증류하자 강한 향과 맛을 지닌 술이 탄생했다. 강렬한 이 술을 처음 마셨을 때, 노예들은 흥분하며 "Rumbullion!"이라고 외쳤는데, 이는 '신난다! 설렌다!'라는 뜻으로, 이 일화에서 유래하여 럼Rum이라는 이름이 붙여졌다.

럼주는 1651년 바베이도스 식민지의 역사 문헌에도 등장하는데, 다음과 같이 기술되어 있다.

> "이 섬의 주민들은 '럼'이라 불리는 술을 자주 마신다. 이곳의 사람들은 이 술이 병을 치료할 수 있다고 믿어 '악마를 죽이는 술Kill-Devil'이라 부른다. 사탕수수로 만들어진 악마를 죽이는 술은 이름만큼이나 매우 강렬한 맛을 지니고 있다."

브랜디의 원재료인 포도주는 가격이 비싸지만, 럼주는 상대적으로 저렴하고, 포도주와 견주(중국 산둥 지방에서 나는 명주)와 비교해 부족함이 없어 빠르게 전 세계로 퍼져 나갔다. 특히 카리브해 지역의 해적들이 애용하면서 '해적의 술'이라는 별명까지 얻었다. 영화 〈캐리비안의 해적〉에서 잭 스패로 선장이 항상 럼주를 손에 들고 있는 장면도 이러한 역사적 고증을 반영한 것이다.

하지만 럼주는 단순한 음료를 넘어, 설탕, 노예, 증류주의 경제적 연결고리 역할을 함으로써 유럽, 아메리카, 아프리카를 잇는 흑인 삼각무역 구조를 더욱 공고히 만들었다.

<u>럼주는 영국이 대영제국으로 발돋움하는 데 크게 이바지한 술로, 어떤 면에서는 전쟁의 판도를 바꾼 전략적인 군수물자였다.</u> 당시 대영제국의 위용은 전 세계로 뻗어 나가고 있었고, 해군은 그 핵심 전력이었다. 애초에 영국 해군은 수병들에게 맥주를 보급했는데, 도수가 낮은 맥주로 정신적 만족감을 안겨주려면 상당히 많은 양이 필요했고, 장기 보관도 어려웠다. 결국 도수가 높은 럼주가 맥주의 자리를 대신하게 되었다.

하지만 럼주는 도수가 너무 높은 술이었기 때문에 해군은 럼주를 물에 희석해 마시도록 규정했다. 이 과정에서 럼주에 물, 오렌지 주스, 라임즙 등을 섞는 문화가 생겨났으며, 이는 훗날 칵테일의 기원이 되었다.

오랫동안 영국 해군들은 건강 문제를 겪어왔다. 장기간의 항해로 인해 많은 병사가 비타민 C 결핍으로 인한 괴혈병으로 사망했는데, 당시 사람들은 괴혈병의 원인이 비타민 C 결핍이라는 것을 알지 못했다. 영국 해군은 럼주를 섭취한 이후부터는 괴혈병 발생률이 낮아졌다는 사실을 알게 되었다. 럼주 자체에도 미량의 비타민 C가 포함되어 있지만, 사실 럼주에 혼합한 라임즙이 비타민 C를 공급하는 효과를 가져온 것이다.

1805년, 영국 해군은 스페인의 무적함대를 상대로 완벽한 승리를 거두었다. 영국 해군은 병사들에게 럼주를 보급했지만, 스페인 해군은 비타민 C 함량이 낮은 브랜디를 보급했고, 이는 장기 항해에서 병사들의 건강 유지에 불리하게 작용했다. 결국 럼주는 영국 해군의 전투력을 높이는 데 기여하며, 전략적 군수물자로서의 가치를 인정받았다.

미국 럼주의 탄생

1607년, 영국은 자국에 필요한 과일, 소금, 올리브유, 목재 등의 농산물을 북아메리카로부터 공급받아 유럽 대륙의 다른 국가에 대한 물자 수입 의존도를 낮출 수 있기를 기대했다. 결론적으로, 영국인들의 머릿속에 그리는 북아메리카는 마르지 않는 커다란 '화수분'이었다. 하지만 그들의 기대는 완전히 빗나갔다. 당시 농업은 풍작을 이루지 못했고, 추수 상황은 너무나 가혹했다.

북아메리카에 가장 먼저 정착한 개척자들은 계속해서 자연재해로 인해 고전을 면치 못했다. 그 지역의 기후와 토양은 영국 전통 작물의 재배에 전혀 적합하지 않았으며, 금속과 광물 자원을 개발하기 위해 식량 부족과 질병이라는 고통을 감내해야 했다. 당시의 기술과 장비로는 값진 광물을 찾지 못했고, 오히려 많은 분란만 초래했다. 인디언의 땅을 침범한 탓에 원주민들과 격렬한 충돌 상황이 자주 발생했고, 양측은 수십 년 동안 학살을 자행하며 막심한 인적 피해를 보았다.

영국이 북아메리카에 첫 식민지를 건설할 당시에는 포도주, 맥주, 럼주와 같이 마실 만한 술이 없었다. 설상가상으로, 영국에서 수입한 술은 장거리 해상 운송 중 변질되어 마실 수가 없었다. 이에 따라 식민지 주민들은 현지에서 술을 양조해 보려 했지만, 옥수수, 나무 수액, 호박, 사과 껍질 등 다양한 재료를 시도했음에도 실패만 거듭했다.

1670년대, 북아메리카의 선장 존 터너 John Turner는 럼주 제조에 도전했다. 무역상이었던 그는 처음에는 북아메리카의 목재를 럼의 본고장인 카리브해로 운반하고, 그곳에서 사탕수수의 당밀을 다시 북아메리카로 가져오는 역할을 했다.

존 터너의 가족은 북아메리카에 거주하며, 선장이 들려준 경험담을 바탕으로 증류 기술을 독학하였다. 그리고 사탕수수의 부산물인 당밀을 이용해 직접 럼을 만들기 시작했고, 이로써 북미 최초의 럼주 양조장이 설립되었다.

이렇게 북아메리카의 럼주 양조 역사는 시작되었다. 럼주는 저렴하면서도 강력한 도수를 지녀 북미에서 빠르게 인기를 끌었고, 주요 무역 상품으로 성장했다. 독립 전쟁 전까지 매사추세츠주에만 약 140개의 럼주 공장이 존재했다. 럼주 무역이 활발해지면서 북미와 카리브해, 아프리카 간의 삼각무역이 더욱 활성화되었다. 이 삼각무역은 '카리브해에서 북미로 당밀 운송 → 북미에서 럼주 생산 → 럼주를 아프리카로 보내 노예와 교환 → 노예를 카리브해의 사탕수수 농장으로 운송'하는 방식이었다.

하지만 북아메리카의 식민지 주민들은 프랑스산 저렴한 당밀을 선호하여, 영국산 당밀의 판매량은 점차 줄어들었다. 이에 영국 정부는 1733년 프랑스산 수입 당밀에 갤런당 6펜스의 고율 관세를 부과하는 '당밀세Molasses Act'를 시행했다. 그러나 북아메리카 상인들은 이 법을 무시하고 해적과 결탁해 프랑스산 당밀을 대규모로 밀수했다. 통계에 따르면 세법이 통과된 후 몇 년 동안 럼주의 95%가 밀수 당밀로 만들어졌다고 한다.

당밀 세법이 공포된 이후에도 럼주 시장은 위축되기는커녕 오히려 활기를 띠었다. 럼주 공장의 수는 10배 가까이 늘어났고, 생산량도 급증했다. 이로써 북아메리카의 럼주 산업은 지속적으로 성장하였다.

보스턴 차 사건의 발발

이후, 영국이 '7년 전쟁(1756-1763)'으로 막대한 빚을 지게 되자, 궁핍해진 정부는 다시 돈을 뜯어낼 방법을 강화하기 시작했다. 이에 영국 해군이 직접 밀수를 단속하고, 수입 당밀에 대한 세금 징수를 감독하게 되었다. 해군까지 동원해 밀수를 단속하자 양조업자들은 값비싼 영국산 당밀을 사거나 세금이 붙은 프랑스산 당밀을 높은 가격에 살 수밖에 없었다. 또한 북아메리카의 럼주 원가도 급등해 럼주 소비층의 불만도 폭발했다. 결국 세계 각지에서 영국 당밀에 대한 보이콧과 세법에 대한 반대 운동이 우후죽순처럼 일어났다.

럼주로 쌓이게 된 불만은 단순한 경제 문제를 넘어섰다. 1765년 인지세법 Stamp Act, 1767년 타운센드법 Townsend Acts, 1773년 차세법 Tea Act 등의 불공정한 과세 정책은 민심의 동요로 이어져 북아메리카 원주민들의 독립운동에 불을 붙였고 결국, 1773년 '보스턴 차 사건'을 촉발했다.

1773년 12월 16일, 한 무리의 젊은이들이 아메리카 원주민으로 변장하여 영국 동인도 회사의 상선에 잠입해 선박에 실려있던 차茶를 모두 바다에 쏟아버렸다. 이는 북아메리카 13개 식민지가 영국 의회에 대표를 두지 못한 채 세금만 부과하는 불공정한 현실에 대한 항의의 표시였다. 이 '보스턴 차 사건'은 식민지와 영국 간의 갈등을 더욱 격화시켰고, 1776년의 미국 독립 선언으로 이어지는 도화선이 되었다.

미국 건국의 아버지 존 애덤스 John Adams는 훗날 이렇게 회고했다.

"우리는 많은 위대한 사건이 작은 일에서 발전했음을 인정해야 한다. 럼주와 당밀은 미국 독립운동의 필수 요소였다."

『배고픈 제국Hungry Empire』의 저자인 리지 콜링햄Lizzie Collingham 역시 다음과 같은 통찰을 남겼다.

> "럼주는 영국이 해가 지지 않는 대영제국으로 발돋움하는 데 이바지했지만, 럼주를 둘러싼 갈등이 결국 제국을 다시 무너뜨렸다. 선원들이 사랑했던 이 술은 결국 북아메리카 13개 주의 미국이 세계 패권 경쟁에서 새로운 주역으로 등장하는 데 일조했다."

럼주 무역 전쟁은 미국의 독립을 촉진했다. 세계의 미식가들은 반색하며 이를 반겼고, 세차게 몰아치는 변화의 물결은 인류를 또 다른 차원의, 새롭게 재편되는 세계로 이끌었다.

금주법, 미국을 분열시킨 최악의 정책

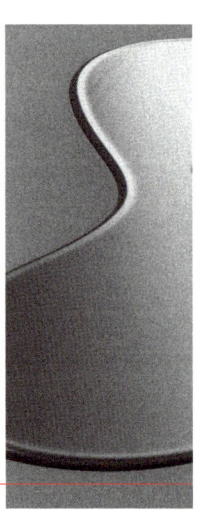

과거 영국이 '당밀세'를 부과하여 미국의 독립 전쟁을 촉발했음에도, 독립한 미국은 타산지석의 교훈을 제대로 받아들이지 못했다. 미국이 건국되고 140여 년이 지난 후, 미국 역시 영국이 했던 실수를 반복하게 된다.

1919년 1월 16일, 미국 의회는 헌법 제18차 수정안을 통과시켰으며, 같은 해 10월 28일에는 볼스테드법Volstead Act을 제정했다. 이것이 바로 악명 높은 '금주법Prohibition'이다.

이 법은 다음과 같이 규정했다.

> "알코올 도수 0.5%를 초과하는 음료의 제조, 판매, 운송을 금지한다.
> 지인과 술을 마시거나 연회를 여는 행위도 불법이다."

그렇다면 미국은 왜 이렇게 어리석어 보이는 금주령을 내렸을까? 그 이유는 다소 복잡하지만, 간단히 말해 '종교적 영향'과 참정권 운동과 맞물린 '여성 인권 운동'이었다.

미국으로 이주한 초기 영국인들은 대부분 청교도Puritans였다. 『성경』에는 "술에 취하지 말라. 술은 방탕함을 불러온다"라는 명확한 가르침이 있었다. 독실한 청교도들은 이를 엄격히 지키며, 욕망과 소비를 제한해야 한다고 믿었다. 그러나 미국 독립 이후 전 세계의 다양한 이민자들이 미국으로 유입되었고, 이로 인해 유흥 문화가 확산하였다. 술집이 늘어나고, 성 해방 운동이 전파됐으며, 하루가 다르게 오락 산업이 성장하였다.

청교도들은 이를 보고 미국의 전통적 가치가 무너지고 있다고 우려했다. 하지만 미국은 자유와 민주주의의 기치 아래 일어선 나라로 종교적 이유만으로 술을 금지하는 것은 자유를 존중하는 국가 정신을 위배하는 것과 같았다. 그러므로 금주법이 시행된 진정한 배경에는 여성의 참정권을 주장하는 인권 운동이 있었다고 보는 게 일반적인 견해다.

고주망태가 된
미국 사회

　1919년 당시, 미국 사회는 극심한 빈부격차를 겪고 있었다. 노동자와 중산층은 생계의 어려움으로 인해 엄청난 스트레스를 받았고, 이를 해소하기 위해 술을 찾는 사람들이 많아졌다.

　술은 중독성이 강한 기호품이다. 술을 마시면 뇌의 도파민 시스템이 자극받아 기분이 좋아지며, 시간이 지날수록 더 많은 술을 원하게 된다. 장기간 이런 자극에 반복적으로 노출된 후에는 자극이 전해지지 않을 때 오히려 불안감이 증폭되어 의존성이 형성된다. 이 강한 의존성 때문에, 술에 중독되는 것이다.

　당시 일반 미국 노동자의 월 평균 수입은 약 25달러였다. 그러나 위스키나 럼 한 병의 최저 가격이 3달러였기 때문에, 경제 불황 속에서 노동자는 한 달 월급으로는 겨우 7~8병의 저렴한 증류주만 살 수 있었다.

　<u>알코올 중독은 심각한 사회 문제를 초래했다. 많은 노동자가 음주 상태로 공장에 출근했으며, 이는 대형 사고로 이어졌다.</u> 위험한 기계를 다루는 작업장에서 만취한 노동자가 증가하면서, 산업재해가 급증하였고, 연간 최대 50만 건의 사고가 발생하는가 하면, 매년 3만 명이 음주로 인해 작업 중 사망하거나 심각한 부상을 입었다.

　문제는 직장뿐만이 아니었다. 가정 내 갈등도 극심해졌다. 노동자들은 월급 대부분을 술을 구매하는 데 사용했고, 집으로 가져가는 돈이 부

족해지자, 가족 간의 갈등이 깊어져 갔다. 부부간의 다툼이 빈번해졌고, 만취한 남편은 이성을 잃고 난폭해져 결국 가정 폭력으로까지 번지는 경우가 많았다.

이러한 상황 속에서 사회학자들은 알코올 중독을 범죄, 빈곤, 가정 폭력의 주요 원인으로 지목했다. 신문과 잡지에서는 가정 폭력 사건을 집중 보도하며 여론을 조성했다.

여성운동과 금주법의 제정은 밀접한 관계가 있다. 당시 여성 참정권 운동 suffrage movement이 확산하면서 여성운동 지도자들은 다른 사회단체들과 연대해 전국적인 금주 운동을 추진했다. 이들은 금주법이 시행되면, 술값으로 새어나가던 돈이 모두 가족을 위해 쓰여 의식주 수준이 향상될 것이며, 가정의 행복도가 증가할 것이라고 주장했다. 금주법이야말로 가족을 보호하고 사회를 건강하게 만드는 최고의 선택이라고 강조한 것이다. 결국, 이러한 흐름이 금주법 제정의 결정적 계기가 되었다.

금주법이 가져온 가공할 폐해

'금주 운동 Prohibition Movement'의 이면에는 미국 여성 인권의 각성과 사회적 변화가 자리 잡고 있었다. 여러 여성운동 단체들은 금주 운동을 단순한 음주 반대가 아니라, 여성의 노동권, 교육권, 정치 참여권을 확대하는 계기로 활용했다. 여성 단체들은 금주법을 추진하면서 동시에 "여성도 남성과 동등한 권리를 가져야 한다"라는 주장을 펼쳤다.

하지만, 술을 완전히 금지하는 것은 여전히 격렬한 저항에 부딪혔다. 주류 산업과 경제적 이해관계에도 영향을 미쳤고, 음주 문화를 지지하는 남성들의 반발도 거셌다. 그러나 당시 미국에서는 여성들이 이미 선거권을 획득한 상태였다. 즉, 금주 운동을 지지하는 것이 정치적으로 '올바른 선택'이 된 것이다. 당시 선거에 출마한 정치인들은 여성 유권자들의 표를 얻기 위해 금주법을 지지할 수밖에 없었다. 결국, 정치적 압박과 여론에 밀려 많은 정치인이 금주법을 찬성하게 되었고, 이는 1920년 미국 전역에서 금주법이 본격적으로 시행되는 결정적인 계기가 되었다.

경제학적으로 볼 때, 어떤 상품의 수요가 유지되는 상황에서 공급만 강제로 차단하면, 해당 상품의 가격은 급격히 상승하게 된다. <u>금주법은 사람들의 음주에 대한 욕구와 수요를 제거하지 못한 채 공급만 차단하는 정책에 불과했고, 그 결과 미국의 식도락 역사상 가장 비극적인 상황이 펼쳐졌다.</u> 술에 대한 갈망은 여전했지만, 합법적으로 구매할 수 있는 술이 사라진 것이다. 이에 주류 가격은 폭등했고, 미국 역사상 최악의 주류 공급난이 시작되었다.

금단 현상에 시달리는 사람들은 술을 찾아 여기저기 미친 듯이 헤매기 시작했고, 그로 인해 암시장에서의 증류주 가격은 몇 배나 치솟았다. 일부 의사들은 특정 질병 치료용으로 위스키 처방을 내릴 수 있는 권한이 있었다. 이에 따라 '위스키 처방전'을 받으려는 환자 수가 폭발적으로 증가했고, 결국 병원 측에서도 도저히 감당할 수 없어 위스키 처방 자체를 중단하였다.

교회에서는 종교의식용으로 포도주를 사용할 수 있었기 때문에, 많은 사람이 신부神父나 목사로 전직했다. 물론 신앙 때문이 아니라, 포도주를 쉽게 구하기 위해서였다.

일부 사람들은 공업용 알코올인 메탄올을 마시기도 했다. 그러나 이는 심각한 부작용을 유발했으며, 시력을 잃거나 심지어 사망하는 경우도 많았다.

물건의 가치는 사람의 행동을 바꾸기도 한다. 이윤이 보이면, 사람들은 그 길을 찾아 하이에나 떼처럼 몰리게 된다. 술값이 치솟자, 주류 밀수가 급격히 증가했다. 금주법이 오히려 불법 시장을 키운 것이다. 그 결과, 밀주업자bootlegger가 생겨났고, 비밀 주류 공장과 밀주 창고가 전국적으로 확산했다. 주류를 몰래 생산하고 판매하는 비밀 양조장underground distillery이 늘어나기 시작한 것이다. 이 과정에서 새로운 이민자들이 몰려들어 불법 주류 생산, 운반, 판매업에 가담하며 큰돈을 벌었다. 동시에 '스피크이지Speakeasy'라는 불법 지하 술집이 등장하여, 손님들에게 비밀리에 술을 제공하는 산업이 발전했다.

술이 금지되자, 미국 전역의 갱단과 마피아 조직이 불법 주류 시장을 독점하기 시작했다. 조직들은 밀주를 유통하며 폭력과 살인을 동반한 시장 쟁탈전을 벌였고, 경찰과 정부 공무원들에게 뇌물을 주며 금주법을 무력화시키는 일이 빈번해졌다. 금주법은 결국 미국 내 범죄 조직을 키우고, 부패를 심화시키는 부작용을 초래했다. 금주법이 오히려 조직범죄의 황금기를 열었다는 평가를 받는 이유가 여기에 있다.

<u>금주법 시대는 미국 역사상 가장 격동적인 범죄와 부패의 시대로 기록되었으며, 이 시기를 배경으로 한 할리우드의 명작 영화와 드라마들이 탄생했다.</u>

미국 영화 〈언터처블The Untouchables〉의 실제 모델은 알 카포네Al Capone다. 그는 미국 최대 규모의 밀주 네트워크를 구축해, 생산부터 판매까지 전 과정을 통제했다. 그는 당시 노동자의 30년 치 연봉에 달하는 5,000달러를 매일 벌어들인 전설적인 '밀주왕'이었다.

할리우드 고전 영화 〈대부The Godfather〉 속 마피아 가문의 실제 모델은 '현대 조직범죄의 아버지'라 불리는 찰스 럭키 루치아노Charles Lucky Luciano이다. 그는 금주법 시절 밀주 사업으로 부를 축적하며 마피아 조직을 키웠고, 이후 라스베이거스 카지노 산업의 초석을 마련한 장본인이 되었다. 영화 〈원스 어폰 어 타임 인 아메리카Once Upon a Time in America〉와 〈보드워크 엠파이어Boardwalk Empire〉는 모두 혼란의 금주법 시대를 배경으로 한 명작으로, 밀주 조직과 정치 부패, 갱단 간 전쟁을 실감 나게 묘사하고 있다.

1919년 윌슨 대통령이 금주법을 선포한 때부터 1933년 루스벨트 대통령이 금주법을 폐지하기까지 14년이 걸렸다. 14년간 지속된 금주법은 결국 미국 역사상 유일하게 폐지된 헌법 수정안으로 기록되었다.

하지만 금주령이 미국에 남긴 피해는 단지 '술을 끊어야 하는 고통' 그 이상이었다. 경제부터 정치, 도덕, 문화 습관까지 사회 전반에 걸쳐 되돌릴 수 없는 손실을 초래했다. 이는 사회적으로도 영향을 미쳤는데, 이 시기 미국은 독립 이후 최대 규모의 사회적 도덕성 붕괴 사태를 겪었다. 정치인들은 공식적으로는 금주법을 지지하면서 뒤로는 밀주업자들에게 뇌물을 받으며 묵인했고, 수많은 사람이 겉으로는 금주법을 찬성하면서 뒤에서 몰래 술을 마시는 위선적인 태도를 보였다.

금주법 시행 이후, 밀주업으로 부를 축적한 갱단들이 전국적으로 세력을 확장했고, 마피아 조직 간의 유혈 충돌과 블랙머니를 둘러싼 전쟁이 끊이지 않았다. 성직자들이 와인 밀수에 참여하고 의사의 직업윤리가 손상되었으며, 모든 사람이 '자신의 이익'을 모든 일의 판단 기준으로 삼았다.

금주법의 시행으로 미국 주류 산업은 몰락했다. 합법적인 주류 제조업체들조차도 줄도산해야 했고, 숙련된 양조 기술자들이 실직하면서 미국의 전통적인 양조 기술이 사라지는 부작용이 발생했다. 현재까지도 미국의 전통적인 양조 산업은 유럽보다 경쟁력이 떨어진 상태이다.

술의 힘은 역사를 바꿀 수 있을 만큼 강하다. 영국이 럼주 문제로 북미 식민지를 잃었다면, 미국은 금주법으로 사회가 분열되는 위기를 겪었다. 인간의 본능적인 욕구를 법으로 막는 것은 불가능했고, 금주법은 결국 미국 사회를 갈라놓은 최악의 정책으로 남았다.

제5장

'고통의 쾌락' 비즈니스

"사람은 때로 가벼운 자기 학대를 통해 쾌감을 얻는다.
심지어 고통이 심해질수록 더한 쾌감을 느낀다."

— 미국 심리학자 폴 로진Paul Rozin

인류 최초 고추의
매운맛을 본 민족,
몽골인

먹보 인류는 오랫동안 맛있는 음식의 유혹에서 벗어나지 못했다. 향신료의 풍미, 설탕의 달콤함, 차의 은은한 향기, 커피의 각성 효과, 그리고 술이 주는 몽롱한 취기까지, 사람들은 다양한 미각적 쾌락을 즐겨왔다. 하지만 진짜 흥미로운 점은, 인류가 단순한 맛을 넘어 '통증'이라는 감각에도 매료되었고, 결국 그 고통 속으로 깊이 빠져들었다는 것이다.

6,000년 전 어느 가을날, 브라질 중부의 세하두 Cerrado 사바나 savannah(초원)는 풍성한 열매가 가득하고 들판에는 황금빛 물결이 일렁이고 있었다.

세하두는 세계에서 가장 오래된 열대 생태계로, 수많은 철새와 동물이 이곳을 지나며 겨울을 난다. 당시 초원의 모습은 생기가 넘쳤다. 커다란 동물들은 나무 아래에서 쉬고, 새들은 하늘을 선회하며 먹이를 찾고 있었다.

그때, 굶주린 새 떼가 멀리서 붉은 등불처럼 매달린 열매를 발견하더니 곧장 달려들어 쪼아 먹기 시작했다. 이를 지켜보던 대형 포유류들은 충격을 받았다. 자신들에게 극심한 고통을 안겨주던 열매를, 새들은 아무렇지 않게 먹고 있었기 때문이다.

이 붉은 열매가 바로 '고추'였다. 인류의 미각을 수천 년 동안 사로잡은 이 식물은, 당시 아무도 모르게 세하두 초원에서 조용히 자라고 있었다. 그곳의 포유류들은 이미 고추의 강렬한 매운맛을 경험해 본 적이 있었고, 창자를 뚫을 듯한 그 얼얼한 화끈거림과 쓰라린 통증을 잊지 못하고 있었다.

하지만 새들은 전혀 영향을 받지 않았다. 그들은 쓸어 담듯 거침없이 고추를 먹어 치우고는 하늘로 날아올랐다. 새들은 고추를 먹어도 씨를 씹지 않기 때문에, 고추 씨앗은 소화 과정을 거친 후에도 온전한 상태로 남아 생명력을 간직하고 있었다.

그렇게 새들의 이동과 함께, 고추는 세계 곳곳에 퍼져 나갔다. 하늘에서 떨어지는 새들의 배설물 속에는 고추 씨앗이 가득 담겨 있었고, 이 씨앗들은 적절한 온도와 습도를 만나 뿌리를 내리고 싹을 틔우기 시작했다.

그렇다. 오늘날 우리가 먹는 고추는, 사실 세하두 초원에서 새들의 배설물을 통해 퍼져 나간 것이다. 이후 수많은 사람이 고추를 재배하고 개량하며, 마침내 우리가 현재 즐겨 먹는 다양한 품종의 고추가 탄생하게 되었다.

강인한 몽골인, 매운맛에 매료되다

그렇다면, 이렇게 강렬한 고통을 주는 고추를 누가 감히 먹을 생각을 했을까? 그리고 어떻게 고추가 인류의 주요 식재료로 자리 잡게 되었을까?

놀랍게도, 역사상 가장 먼저 고추를 먹은 민족은 오늘날 매운맛 없이는 못 사는 중국의 사천四川이나 후난湖南 사람들이 아니라, 오히려 현재는 고추를 별로 즐기지 않는 '몽골 민족'이었다.

마지막 빙하기 동안, 아시아와 북아메리카 사이의 베링 해협은 지각 운동으로 융기하여 '베링 육교 Bering Land Bridge'라 불리는 육지가 형성되었다. 이 덕분에 아시아와 북미 대륙 사이를 자유롭게 이동할 수 있었다.

당시 몽골 유목민들은 혈기가 왕성했고, 모험심으로 가득 차 있었다. 그들은 끝없는 대지를 질주하며 세계의 경계를 넘나들었다. 초승달 모양의 칼을 손에 쥐고 강인한 말에 올라탄 채, 대륙을 가로질러 북방의 육교를 건너 아시아에서 아메리카까지 내달렸다.

몽골인들은 남쪽으로 이동하며 열대 지역까지 도달했는데, 너무 먼 길을 떠났기 때문에 준비한 식량이 바닥나고 말았다. 하지만, 이 강인한 민족은 굶주림 속에서도 살아남기 위해 가리지 않고 무엇이든 집어 삼켰다. 그들은 알려지지 않은 다양한 식물과 버섯을 먹던 와중에, 우연히 고추도 맛보게 되었다. 그들은 곧 고추가 보통 식물이 아니라는 사실을 깨달았다. 입안에 넣자마자 불타는 듯한 고통이 퍼졌지만, 목숨이 위태로울 정도는 아니었고, 오히려 땀을 흘리고 나면 온몸이 개운해지는 묘한 감각이 들었다.

우리는 보통 '최초로 꽃게를 먹어 본 사람'의 용기를 칭송한다. 보기만 해도 위협적인 발을 지닌 딱딱한 갑각류를 어떻게 먹을 생각을 했을까, 하지만 게를 찌면 맛있는 향이 나니 그 도전은 충분히 이해된다. 하지만 최초로 고추를 먹은 사람은 정말 대단하다는 생각밖에 들지 않는다. 고추는 단순히 맵기만 한 것이 아니라, 먹고 난 뒤 위장에도 엄청난 고통을 주기 때문이다. 보통 사람이라면 이러한 극단적인 맛을 포기했을 법하다. 하지만 <u>몽골인들은 강인한 정신력으로 이를 받아들였고, 결과적으로 고추가 인체에 해가 없는, 먹기 좋은 식재료임을 증명했다.</u>

이후, 고추는 인류의 식문화 속으로 점차 스며들었다. 중미 지역에 정착하여 농사를 짓던 사람들은 야생 고추를 대량으로 재배하기 시작했고, 파나마, 카리브해, 바하마 일대에 초기 고추 농경지가 형성되었다.

인류의 식문화에
혁신을 가져온 고추

도대체 왜 사람들은 자신을 고통스럽게 하면서까지 고추를 먹는 것일까? 사실, 고대인들이 고추를 먹은 이유는 단지 '자극'이나 '쾌감' 때문만은 아니었다. 그들은 고추를 자주 먹는 사람들이 더욱 강하고 건강하다는 사실을 깨달았기 때문이다.

오늘날 과학적으로 밝혀진 바에 따르면, 고추에는 철분, 칼륨, 마그네슘, 비타민 A, B, C 등이 풍부하게 함유되어 있어 건강에 매우 유익하다.

2007년 2월, 학술지 《사이언스 Science》에 발표된 고고학 연구에 따르면, 인류는 약 6,100년 전부터 체계적으로 고추를 재배하고 요리에 활용해 왔다. 특히 흥미로운 점은, 당시의 고추 경작지 중 상당수가 원산지인 브라질에서 매우 멀리 떨어져 있었다는 것이다. 이는 고추가 이미 새들의 배설물을 통해 지구 곳곳으로 퍼져 나갔음을 의미한다.

고대 인류는 비교적 이른 시기부터 야생 고추 경작을 시도해 왔지만, 이를 재배하고 개량하는 과정은 매우 길고 험난했다. 고추를 재배하는 데 가장 중요한 요소는 '어떤 품종을 선택할 것인가'였다. 매운맛이 없는 고추는 고추가 아니라 그냥 평범한 채소일 뿐이어서 너무 순한 고추는 제외되었다. 너무 매운 고추 또한 제외했다. 인간의 소화 기관이 감당할 수 있는 매운맛에는 한계가 있기 때문이다.

1912년, 미국의 약리학자 윌버 스코빌 Wilbur Scoville은 '스코빌 척도

Scoville Heat Unit, SHU'를 개발하여 고추의 매운 정도를 측정하는 기준을 만들었다.

측정 방식은 간단했다. 특정 고추에서 매운 성분인 캡사이신을 추출한 후, 이를 계속해서 물에 희석해 매운맛이 완전히 사라질 때까지의 배수를 측정하는 것이다. 즉, 희석 배수가 해당 고추의 스코빌 단위가 된다.

세계에서 가장 매운 고추는 '페퍼 X'로 무려 2,693,000 SHU에 달한다. 이 고추 한 단위의 캡사이신을 중화하려면 무려 269만 배의 물로 희석해야 매운맛이 사라진다. 일반적으로 요리에 사용되는 '쥐똥 고추'라 불리는 태국 미니고추는 약 30,000 SHU 수준이다. 전 세계적으로 70%의 사람들이 30,000~50,000 SHU 수준의 중간 매운맛을 견딜 수 있다. 나머지 25%는 강렬한 매운맛인 50,000~100,000 SHU도 즐길 수 있으며, 극한의 매운맛을 즐기는 극소수의 사람들은 최대 580,000 SHU까지도 견딜 수 있다고 한다.

이처럼, 완벽한 매운맛을 찾기 위한 인류의 노력은 오랜 기간 지속되었다. 결국, 인간의 입맛에 적합한 야생 고추 품종이 발견되었는데, 그것이 바로 멕시코산 '테핀Tepin 고추'다.

'테핀 고추'는 인류가 최초로 경작한 고추 품종이자, 현재 세계에서 소비되는 대부분 고추 품종의 조상으로, 현존하는 고추 중 가장 오래된 품종이다. 작고 동그란 모양으로 터키에서는 '새의 눈Bird's Eye'이라는 별명으로 불리는 테핀의 원산지는 중남미, 그중 멕시코 지역이며, 새들의 배설물을 통해 널리 퍼졌을 가능성이 크다. 연구에 따르면 테핀은 약 100,000 SHU에 달하는 강렬한 매운맛을 지닌다.

<u>고추를 기점으로, 인류의 식문화는 완전히 달라졌다.</u> 고추의 강렬한 <u>매운맛은 단순한 자극을 넘어, 사람들의 식문화를 획기적으로 변화시켰다.</u> 고추를 넣으면, 평범한 음식도 특별한 맛을 갖게 된다. 또한 고추는 소화를 돕는다. 고추를 먹으면 침샘이 자극되어 타액 분비가 활발해지고, 이는 소화 효소인 아밀라아제의 분비를 증가시켜 탄수화물 소화를 촉진한다. 아밀라아제 효소는 전분을 더 쉽게 흡수할 수 있는 포도당으로 분해하는 역할을 한다.

한때 새들이 배설물을 통해 전 세계로 퍼뜨린 작은 씨앗 하나가, 결국 인류의 식탁을 송두리째 바꿔놓았다. 이제 고추는 단순한 식재료를 넘어 인류의 미각과 식문화를 형성하는 필수 요소가 되었다. 앞으로도 고추는 더욱 다양한 방식으로 요리에 활용되며, 인류의 입맛을 지배할 것이다.

화를 부른 고추의
잘못된 계책

살아있는 모든 것은 스스로 먹히기를 바라지 않는다. 고추도 예외는 아니다. 자연계의 수많은 천적 먹보로부터 살아남기 위해 고추는 오랜 세월에 걸쳐 자신만의 완벽한 방어 체계를 발전시켜 왔다. 그중 가장 중요한 것이 바로 '캡사이신'이다.

포유류가 캡사이신을 접하면 강한 화끈거림과 통증을 느끼게 된다. 이는 마치 몸이 손상을 입은 듯한 착각을 불러일으키며, 본능적으로 고추를 멀리하게 만든다. 덕분에 고추는 자신을 보호할 수 있게 되었다.

그렇다면 왜 고추를 먹으면 불타는 듯한 느낌이 드는 것일까? 그 이유는 포유류의 몸속에 존재하는 TRP Transient Receptor Potential, 순간 수용체

<u>전위</u> 채널 때문이다. 이 채널이 캡사이신을 감지하면 다음과 같은 가짜 경고 신호를 뇌로 전달한다.

"네 몸이 지금 42°C로 불타고 있어!"

이 신호를 받은 사람이나 <u>동물</u>은 본능적으로 신체에 이상이 생겼다고 느끼고, 고추를 피하게 된다. 그러나 고추가 간과한 결정적인 허점이 있다. 포유류의 위협을 완벽히 막아냈다고 생각했지만, 조류를 생각하지 못한 것이다.

조류는 TRP 채널이 없어 캡사이신에 반응하지 않는다. 따라서 고추를 먹어도 화끈거림을 느끼지 않아 거리낌 없이 매운 고추를 즐길 수 있다. 게다가 조류는 씨앗을 씹지 않고 그대로 삼키기 때문에, 고추 씨앗은 소화 기관을 무사히 통과해 배설물과 함께 널리 퍼진다. 결과적으로 고추는 조류를 통해 더욱 효과적으로 종을 확산시킬 수 있었다.

본래 고추 자신을 보호하기 위해 진화한 캡사이신은 아이러니하게도 인간을 매료시켜 버렸다. <u>인간은 고추의 매운맛에 중독되었고, 이를 즐기기 위해 오히려 더 많이 소비하기 시작했다.</u> 만약 고추가 이를 인지할 수 있다면 크게 후회할 것이다. 수천 년간 갈고닦은 강력한 생존 무기가 인간들에게는 오히려 '고추를 먹어야만 하는 이유'가 되어버렸으니 말이다. 이것이야말로 '자승자박', 스스로 자신을 함정에 빠뜨린 격이다.

고대 인류가 고추를 즐겨 먹었던 이유는 크게 세 가지였다.

<u>첫째, 전통적인 믿음 때문이다.</u> 조상들은 매운 음식을 먹으면 몸이 더욱 강해진다고 생각했다. 둘째, <u>보존 효과 때문이다.</u> 고추는 쉽게 썩지 않으며, 다른 음식과 함께 보관하면 부패를 방지하는 역할을 한다. 과학 기술이 발달하지 않았던 시절, 매운맛이 강한 고추는 천연 방부제로 쓰였다. 사람들은 상한 음식을 먹으면 병에 걸리거나 죽을 수 있다는 사실을 알고 있었고, 고추가 이를 막아준다고 생각했다.

<u>셋째, 약용 효과 때문이다.</u> 현대 과학을 통해 밝혀진 사실이지만, 실제로 캡사이신은 강력한 항균 작용을 한다.

이러한 요소들이 맞물리면서 사람들은 점점 고추에 익숙해졌고, 매운 고추의 맛을 즐기기 시작했다. 그리고 근대에 이르러 사람들은 한 걸음 더 나아가 '매운맛의 정체'인 캡사이신을 분리해 내고자 했다. 이를 통해 화학적으로 캡사이신을 합성하여, 고추를 재배하지 않아도 매운맛을 얻을 방법을 연구하기 시작했다.

1876년, 영국의 화학자 존 클라프 스레시John Clough Thresh는 고추에서 순수한 형태의 매운 성분을 추출해 이를 '캡사이신'이라 명명했다. 이후 1930년, 미국의 화학자 스티븐과 오스트리아의 화학자 슈페트가 처음으로 인공 합성 캡사이신을 제조하는 데 성공했다. 이로써 인류는 더 이상 고추를 재배하지 않아도 화학적으로 매운맛을 만들어 낼 수 있게 되었다.

콜럼버스가
후추로 착각한 고추

 다른 많은 식재료와 마찬가지로, 고추를 전 세계로 전파한 인물은 바로 세계사에 있어 가장 중요한 한 남자, 크리스토퍼 콜럼버스였다. 세계의 미식가들은 아마 콜럼버스에게 해외 직구 수수료를 지불해야 할지도 모른다. 그가 없었다면 지금 우리가 즐기는 수많은 아메리카산 식재료를 맛볼 수 없었을 테니 말이다.

 우리가 익히 잘 아는 바와 같이, 콜럼버스는 엄청난 항해 실력을 자랑했지만, 그가 도착한 곳은 실제 인도가 아니라 아메리카 대륙이었다. 그럼에도 그는 끝까지 아메리카 대륙이 인도라고 우겼다. 그 결과, 그는 아메리카 원주민을 '인디언Indian'이라고 불렀고, 이 잘못된 명칭이 지금까지도 사용되고 있다. 사실, 아메리카 원주민과 인도는 아무런 관련이 없다.

1493년 1월, 스페인으로 돌아온 콜럼버스는 토마토, 옥수수, 담배 등 신대륙의 다양한 작물을 가져왔다. 하지만 정작 국왕이 가장 원했던 향신료는 찾지 못했다. 당시 후추, 정향, 계피, 생강 같은 향신료는 황금과 맞먹는 가치를 지닌 필수 무역품이었다. 그러나 콜럼버스는 이에 굴하지 않았다. 그는 자신이 신대륙에서 엄청난 향신료를 찾아냈다고 확신했다.

그가 발견한 것은 '아히Aji'라고 불리는 향신료로, 이는 원주민들이 매일 요리에 사용하던 것이었다. 그는 항해 일지에 이렇게 기록했다.

> "이곳에서는 '아히'가 풍부하게 자라고 있으며, 원주민들은 이를 그들만의 후추로 사용한다. 나는 이것이 검은 후추보다 훨씬 더 가치가 있다고 생각한다. 이곳의 모든 사람이 음식을 먹을 때 반드시 이 향신료를 첨가하며, 건강에도 이롭기 때문이다."

콜럼버스가 말한 '아히'는 바로 고추였다. 오늘날에도 남아메리카에서는 여전히 고추를 '아히'라고 부른다. 그러나 콜럼버스는 이를 새로운 종류의 후추로 착각했고, 결국 아히를 후추를 뜻하는 단어인 '페퍼pepper'라고 명명했다. 그 결과 수백 년간의 혼란이 시작되었고, 지금까지도 후추black pepper와 고추chili pepper가 같은 '페퍼pepper'라는 단어로 불리는 아이러니한 상황이 이어지고 있다.

흥미로운 점은 콜럼버스가 저지른 여러 실수가 이후에도 수정되지 않고 그대로 남았다는 것이다. 그는 아메리카 대륙을 인도로 착각했고, 결과적으로 카리브해 지역을 '서인도 제도 West Indies'라고 명명했다. 또한 고추를 새로운 후추라고 생각하여 '페퍼'라고 불렀고, 이 명칭 또한 현재까지 이어지고 있다.

고추, 원주민의 생화학 무기가 되다

1494년, 콜럼버스는 스페인 여왕의 이름을 따, 신대륙에 '이사벨라 Isabella'라는 두 번째 식민지를 건설했다. 그는 원주민들이 호전적이고 거칠다는 점을 알고 있었기에 강한 저항에 대비해 튼튼한 요새와 방어시설을 구축하고, 일부 스페인 병력을 남겨둔 채 다시 항해를 떠났다. 하지만 당시 원주민들은 굶주림에 시달리고 있었고, 결국 스페인 식민지 요새를 표적으로 삼았다.

달도 없고, 바람이 거센 어느 날, 네 개의 원주민 부족이 연합하여 야간 기습을 감행했다. 스페인 병사들은 자신들의 요새는 매우 견고할 뿐만 아니라 우월한 무기로 무장하고 있다고 믿으며 방심했다. 그러나 스페인 병사들이 간과한 결정적인 변수가 하나 있었다. 바로 원주민들이 가진 생화학 무기, '고춧가루'였다.

전투가 시작되자, 원주민들은 고춧가루가 가득 담긴 주머니를 요새 안으로 던졌다. 이 가루 주머니가 터지면서 매운 연기가 공중에 퍼졌고, 인류 최초의 '최루탄'이 되었다.

스페인군은 순식간에 쉴 새 없이 눈물, 콧물을 흘려야 했고, 숨이 막혀 전투력을 상실하고 말았다. 반면, 삼베 천으로 얼굴을 감싼 원주민들은 고춧가루에 아랑곳하지 않고 요새 안으로 침입해 스페인 병사를 전멸하고, 식량 창고를 약탈해 승리를 거두었다.

이 사건을 통해 콜럼버스는 고추가 단순한 향신료가 아니라 엄청난 상업적 가치를 지닌 물질임을 깨달았다. 이에 따라 그는 고추를 유럽으로 가져가기로 결심했다.

고추가 유럽에 도착하자 고추를 처음 본 유럽인들은 기존 후추와의 차이에 놀라지 않을 수 없었다. 기존의 흑후추는 씨앗만 먹을 수 있었지만, 고추는 통째로 먹을 수 있었다. 하지만 불행히도 유럽인들은 이를 식재료가 아닌 치료제로만 사용했다. 진짜 후추가 아니란 것을 알게 된 유럽인들은 고추를 주방이 아닌 의료계에 도입하였다.

당시 유럽에서는 고추를 이용한 치료 열풍이 불어닥쳤다. <u>고추의 강렬한 매운맛이 사람들에게 강한 효과를 준다는 착각을 불러일으켰고, 많은 의사가 고추가 구취 제거, 불안 완화, 소화 촉진, 장운동 활성화 등의 효능이 있다고 믿었다.</u>

한편, 또 다른 강대국인 포르투갈의 탐험가들도 신대륙에서 고추를 발견하고 이를 본국으로 가져갔다. 그러나 포르투갈에서도 고추는 음식이 아닌 정원 장식용 식물로 취급되었다. 고추가 빨갛게 익어가는 모습이 아름다웠기 때문에 당시 귀족들은 고추를 정원에 심어 빨간 초롱 모양의 열매가 맺히면 친구들을 초대해 감상하는 행사를 열기도 했다.

하지만 영웅은 결국 자신의 운명을 찾아가는 법이다. 비록 처음에는 단순한 장식품으로 취급되었지만, 고추는 결국 유럽인의 식탁에 올라가게 되었고, 인류의 미각을 지배하는 강력한 존재로 자리 잡게 된다. 인류의 미각을 지배할 '맛의 혁명'이 조용히 시작되고 있었다.

전 세계를 휩쓸며 인간을 길들인 고추

 대항해 시대가 도래하면서 포르투갈, 네덜란드, 스페인 등 강대국들이 차례로 세계 무대에 등장했다. 제국들의 야망이 요동치는 시대에 고추의 운명 또한 이들 국가와 함께 파란만장한 여정을 거치게 되었다.
 고추는 적응력이 뛰어나고 재배와 저장이 쉽다. 그러나 무엇보다 중요한 것은, '강렬한 매운맛이 한 번 맛본 사람들의 기억 속에 깊이 각인된다'라는 점이다.
 고추의 전파 속도는 경이로울 정도였다. 세상에 고추만큼 빠르고 무섭게 전 세계를 정복한 식재료는 존재하지 않는다. 고추는 아메리카 대륙에서 태어나 유럽을 점령하고, 아시아와 아프리카를 휩쓸었다. 그리고 마침내, 아시아 요리계에서 압도적인 왕좌를 차지하는 데 성공했다.

현재 전 세계 인구의 약 40%가 고추를 필수 식재료로 사용하고 있는데, 이는 그 어떤 향신료도 따라올 수 없는 압도적인 수치이다.

유럽은 대항해 시대의 출발점이며, 콜럼버스와 마젤란의 고향이다. 따라서 유럽에 고추가 널리 퍼진 것은 자연스러운 현상이다. 그러면 고추는 어떻게 유럽 이외의 지역들까지 정복하게 되었을까?

먼저 아프리카를 살펴보자. '아프리카' 하면 많은 사람이 가장 먼저 떠올리는 것이 바로 당시의 악명 높은 '노예 매매'와 '삼각무역'이다. 유럽의 노예 상인들이 아프리카를 오가며 고추도 함께 전해졌다. 고추는 바다를 건너 광활한 아프리카 땅에 도착했고, 운명처럼 노예 거래의 일부가 되어 결국 비극적인 역사의 흐름에 휘말릴 수밖에 없었다.

포르투갈 노예 상인들은 노예를 거래할 때 브랜디뿐 아니라 고추를 현금 대신 사용하여 대금을 치르는 것을 선호했다. <u>고추는 일상적으로 소비되는 필수품이었지만, 당시 아프리카에서는 쉽게 구할 수 없었기에 높은 가치를 인정받았다.</u> 물론 거래에 사용된 것은 신선한 고추가 아닌, 장기 보관이 가능한 건조 고추였다. 신선한 고추는 쉽게 썩기 때문에, 건조 고추만이 거래에 사용되었다.

수백 년간 지속된 노예 무역과 함께 고추도 아프리카 전역으로 퍼져 나갔다. 아프리카 사람들은 점차 고추의 매력에 빠져들었고, 오늘날 아프리카 요리에는 다양한 종류의 매운 고추와 각종 매운 소스가 필수적으로 사용되고 있다. 한국인들 못지않게 아프리카 사람들도 고추를 좋아한다.

아프리카의 식문화에서 하바네로Habanero, 스코치 보닛Scotch Bonnet, 버드아이 칠리Bird's Eye Chili, 인도 부트 졸로키아Ghost Pepper(일명 '유령 고추') 등은 대표적인 매운맛 원료로 인정받고 있다. 각 품종의 특징은 다르지만, 공통적인 요구 사항은 하나다. 바로 '강렬한 매운맛'이다.

식탁 위의
권력이 된 고추

한편, 세계 최초로 사탕수수를 재배하고 정제 기술을 발전시킨 인도에도 고추가 전파되었다. 포르투갈인들이 16세기 초반 인도 서해안의 고아Goa 지역을 중심으로 고추를 도입하면서, 고추는 인도 식문화에 빠르게 정착했다. 현재 고아는 인도의 대표적인 부유 지역으로, 연중 수십만 명의 국내외 관광객이 방문하는 유명 관광지이며, 동시에 고추 소비가 가장 활발한 지역 중 하나로 알려져 있다.

인도는 후추의 원산지로, 전통적으로 후추가 주요한 향신료로 자리잡고 있었다. 그러나 고추가 도입된 이후, 인도 요리에서 후추의 입지는 점차 축소되었고, 보다 강렬한 매운맛을 제공하는 고추가 주류 향신료로 자리 잡았다. 이는 단순한 미각적 변화뿐만 아니라 생리적 자극을 통한 식욕 증진, 소화 촉진 등 다양한 기능적 요인이 작용한 결과로 분석된다.

특히, 가격 요인은 이러한 변화를 더욱 가속하는 역할을 했다. 고추는 재배가 쉽고 가격이 저렴해, 경제적 효율성이 높은 식재료다. 인도에서 고추 재배법이 정착되면서, 기존에 널리 사용되던 후추를 빠르게 대체하며 대중적인 조미료로 자리 잡았다. 후추나 정향(클로브)과 같은 고가의 향신료와 달리, 고추는 일반 서민층도 일상적으로 소비할 수 있는 경제적인 선택지였다.

이러한 변화는 태국에서도 예외가 아니었다. 포르투갈 상인들에 의해 전파된 고추는 태국 전역에서 대규모로 재배되었고, 빠른 속도로 현지 식문화에 녹아들었다. 특히 저소득층에서 고추는 필수적인 조미료로 정착하였으며, 태국 가정에서 고추와 고추를 기반으로 한 소스는 필수 식재료가 되어 가정마다 고추 소스가 항상 비치되어 있었다. 볶음면, 국물 요리, 구이 요리 등 다양한 음식에 고추 소스가 사용되었으며, 특히 '남 프릭(고추 페이스트)'은 태국 요리의 핵심적인 요소로 발전했다.

전 세계적으로 고추가 식문화에 미친 영향은 단순한 식재료 수준을 넘어선다. 초기에는 단순한 향신료로 받아들여졌던 고추는 시간이 지나면서 필수적인 조미료가 되었고, 각국의 미식 문화를 변화시켰다. 이제는 고추가 인간의 식문화를 변화시킨 것인지, 아니면 인간이 고추를 길들인 것인지에 대한 철학적 질문까지 제기될 정도다. 한 가지 분명한 사실은 고추는 인간 없이도 존재할 수 있지만, 현대의 인류는 더 이상 고추 없는 식생활을 상상하기 어려운 상태에 이르렀다는 것이다.

고추가 이용한 인간의 약점

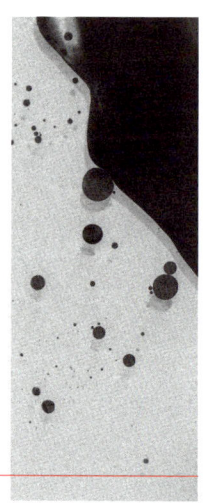

고추를 길들인 것은 인간일까, 아니면 인간이 고추에 정복당한 것일까? 이 논쟁은 이제 무의미하지만, 고추가 인간의 미각을 지배하는 흐름은 거스를 수 없는 사실이다. 전 세계는 '한국인의 매운맛' 또는 '중국의 마라 맛'의 간판을 내건 식당들이 점점 늘어나고 있으며, 현대인들은 고추가 주도하는 거대한 미각 진화의 소용돌이 속으로 빠져들어 헤어나오지 못하고 있다.

과거 사람들은 고추가 건강을 증진하고, 병을 치료하며, 해충을 쫓아낸다고 믿었기 때문에 고추를 선호했다. 그러나 현대 과학은 고추가 비타민 C를 풍부하게 함유한 것은 사실이지만, 실제로는 특별한 의학적 효능이 거의 없다는 것을 밝혀냈다.

그런데도 현대인들은 여전히 고추를 즐긴다. 그 이유는 바로 '화끈한 통증'이 주는 짜릿한 쾌감 때문이며, 이 느낌은 강한 중독성이 있다.

앞서 언급했듯이, 어떤 제품이 사람을 중독시키면서도 신체에 해롭지 않다면, 이는 경제 논리상 가장 완벽한 상품이 된다. 고추는 입안뿐만 아니라 온몸을 뜨겁게 만들며, 미각에 즉각적인 만족감을 선사한다. 이처럼 고추의 강렬한 자극은 신체에 격렬한 통증을 유발하면서도, 먹는 사람의 정신 상태까지 변화시킨다.

현재 전 세계적으로 약 30억 명이 매운 음식을 즐기고 있다. 세계 시장의 고추 거래액은 4,000억 달러(약 540조 원)를 넘어섰다. 또한, 고추와 관련된 산업 규모는 1조 달러(약 1,350조 원)에 달하며, 수억 명의 사람들이 고추가 선사하는 '통증'을 기꺼이 돈을 주고 산다.

미국 펜실베이니아대학의 심리학 명예교수 폴 로진Paul Rozin은 '선의의 자기 학대Benign Masochism' 이론을 제시하며, 인간이 왜 자신을 고통스럽게 만드는 행위를 즐기는지를 설명했다.

예를 들어 공포 영화를 즐겨 보고, 놀이공원의 짜릿한 롤러코스터를 타며, 극도로 매운 음식을 시도하는 이유도 이 이론으로 설명할 수 있다. 이러한 행동은 몸이 즉각적인 반응을 일으키도록 자극하며, '고통 속에서 쾌락을 찾는' 활력을 불러일으키고, 스트레스를 해소하는 효과를 준다. 겉으로 보기에는 괴롭고 힘든 과정이지만, 이를 극복한 후 느끼는 해방감과 짜릿함이 계속해서 이 행동을 반복하게 만든다.

예를 들어, 운동 후 온몸이 쑤시는 고통도 지나고 나면 개운함이 느껴진다. 매운 음식을 먹을 때 입이 타는 듯한 느낌이 들지만, 다 먹고 난 후 땀을 흠뻑 흘리면 묘한 중독성이 살아난다. 끊임없이 매운맛을 시도하는 과정에서 사람들은 매운 음식을 먹어도 죽지 않는다는 사실을 깨닫고, 오히려 '극한을 넘긴 후의 상쾌함'과 '고통 속에서 찾는 쾌감'을 경험하게 된다.

폴 로진 교수 연구팀의 조사에 따르면, 많은 사람이 자신도 모르게 일종의 '선의의 자기 학대', '고통 속의 쾌감'을 다양한 형태로 즐기고 있다.

행동 유형	선호하는 비율(%)
매운 음식 먹기	54.5
감동적인 순간에 눈물 흘리기	23.4
슬픈 음악 감상	41.9
강한 마사지로 통증 느끼기	36.5
폭력적이고 잔인한 영화 감상	23.2
여드름·블랙헤드 짜기	19.0
카망베르 치즈, 홍어 등 자극적인 음식 맛보기	17.4

이 표를 보면서 본인의 취향과 겹치는 부분이 있지 않은가?

인간은 참으로 독특한 존재이며, 그중에서도 미식가는 더욱 특별한 부류다. 그들은 끊임없이 '자극적인 고통'을 찾아 나서며, 그 속에서 쾌락을 느낀다.

한 심리학자는 이렇게 말했다.

> "고통은 당신을 '지금 현재의 이 순간'에 집중하게 만든다. 덕분에 복잡하고 추상적인 고민을 잠시나마 잊을 수 있다."

스트레스 많은 현대인에게 '선의의 자기 학대'가 필요한 이유를 정확하게 설명하고 있는 할리우드 영화 〈웨더 맨 The Weather Man〉에는 이런 명대사가 나온다.

> "어른들의 삶에는 '쉬운 길'이란 없다."

이 대사는 현대인들이 겪는 스트레스와 어려움을 단적으로 표현한 문장이다. 우리는 다양한 방식으로 현실의 압박에서 벗어나기 위해 '선의의 자기 학대'를 선택한다. 이것은 단순한 우연이 아니라, 인류의 생물학적 진화 과정에서 나타나는 보편적인 현상이다. <u>고통이 극한에 이르면, 몸은 이를 견디기 위해 '보상 물질'을 분비한다. 즉, 고통을 느낄수록 뇌는 신체의 균형을 맞추기 위해 '행복 호르몬'을 생성하는 것이다.</u> 이를 상황극으로 표현하자면, 다음과 같다.

몸: 너무 고통스러워, 도저히 못 버티겠어, 죽을 것 같아!

뇌: 그러지 마! 나도 너 없으면 못 버텨!

몸: 우리 먹보 주인은 너무 가혹해. 맨날 매운 거 먹고, 고통스러운 마사지를 받고, 무서운 놀이기구도 타고 난리야!

뇌: 맞아, 나도 무섭고 못 보겠어.

몸: 이제 진짜 한계야, 도와줘!

뇌: 알겠어. 너한테 보상 물질을 좀 줄게.

몸: 보상 물질? 그게 뭐야?

뇌: '내추럴 마약'이라고 불리는 엔도르핀이야!

바로 이 엔도르핀이 우리가 매운맛에 중독되는 이유다. 이제 인류가 매운 음식을 찾게 되는 이유를 이해할 수 있을 것이다.

고추의 매운맛을 결정하는 성분은 캡사이신으로, 이는 바닐릴아미드vanillylamide를 포함한 알칼로이드 화합물이다. 고추를 먹으면 캡사이신이 감각 신경 세포의 '바닐로이드 수용체 1형TRPV1'에 결합하여 '뜨겁고 아픈 통증' 신호를 대뇌에 전달한다. 그러면 대뇌는 이를 실제 화상으로 착각하고, 즉시 방어 기제를 가동하여 '엔도르핀(내인성 모르핀)'이라는 신경전달물질을 분비한다. 이 엔도르핀은 마약성 진통제인 모르핀morphine과 유사한 효과를 내며, 통증을 완화하고, 스트레스를 해소해 불안감과 우울감을 줄이는 작용을 한다. 즉, 매운맛으로 인한 '고통'이 신체의 방어 시스템을 자극하여 강한 쾌락을 불러일으키는 것이다. 이 보상 기제 덕분에, 처음에는 힘들게 느껴지던 매운맛이 점점 '쾌락의 신호'로 변하게 된다. 그리고 이 과정이 반복되면서 매운맛에 대한 내성이 생기고, 더 강한 매운맛을 찾게 되는 것이다.

이는 마치 운동 중 느껴지는 고통과 유사하다. 근육통이 심하면 아드레날린adrenaline과 노르아드레날린noradrenaline이 분비되는데, 이 두 물질은 강한 각성 효과와 쾌감을 유발한다. 즉, 처음에는 힘들고 고통스럽게 느껴졌던 달리기가, 뇌의 보상 시스템 덕분에 점점 더 즐거운 활동으로 변화하는 것이다. 이 과정이 반복되면서 자신을 한계까지 밀어붙이는 것이 쾌락으로 바뀌고, 결국 나중에는 중독되는 원리가 형성된다.

매운맛도 같은 원리로, 처음에는 맵다고 느끼지만 반복할수록 뇌의 보상 시스템이 작동하면서 더욱 강한 매운맛을 찾게 된다. 도파민dopamine이 행복을 만든다면, 엔도르핀은 기쁨과 안정감을 주고, 스트레스를 해소한다.

그렇다면 매운 음식이 이렇게 강한 쾌감을 주는데도 불구하고, 어떤 사람들은 왜 매운 것을 꺼릴까? 그 이유는 개인마다 다른 신체 감각과 무의식적인 두려움 때문이다. 누구나 매운맛이 실제 화상을 입히지 않는다는 걸 알고 있다. 하지만 각자의 몸이 감당할 수 있는 '적정 매운맛'의 한계점이 다르다. 매운맛을 자주 경험하면 뇌가 내성을 키워 더 강한 매운맛을 찾게 되지만, 매운 것을 거의 먹지 않는 사람은 매운맛에 대한 민감도가 높아, 작은 자극에도 고통을 느끼게 된다.

어떤 사람들은 매운맛을 본능적으로 '위험 신호'로 인식한다. 즉, 뇌가 보상 기제를 작동시키기도 전에 '이건 위험하다'라고 판단하여, 매운 것을 피하게 되는 것이다. 이런 사람들은 매운맛을 맛보기도 전에 포기하기 때문에, 엔도르핀 보상 효과를 경험하지 못하고, 매운 음식에 흥미를 느끼지 못한다.

많은 미식가가 다양한 종류의 매운 고추, 매운 소스, 매운 음식 조합을 시도하며 '극한의 매운맛'을 찾아 도전한다. 그 이유는 매운맛을 견디는 과정에서 자기 통제력을 시험하고, 이를 통해 성취감을 얻기 때문이다. 이것이 바로 매운 음식 중독의 메커니즘이며, 결국 매운맛을 찾는 것은 뇌가 쾌락을 원하기 때문이다.

만약 당신이 점점 더 매운 음식을 찾고 있다면, 당신은 이미 '매운맛 중독' 상태에 접어든 것이다.

경제학, 고추의 인간 길들이기 공범이 되다

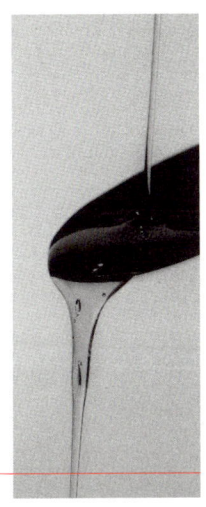

고추가 다른 나라에서는 천천히 보급된 반면, 중국에서는 왜 유난히 빠르게 확산되었을까?

중국인은 원래부터 고추를 좋아하는 유전적 특징을 가진 걸까? 물론 아니다. 중국에서 고추가 빠르게 보급된 배경에는 '경제적 이유'가 있다.

명·청 시대부터 중국의 국력은 점차 쇠퇴했고, 국민의 생활 수준은 급격히 떨어졌다. 역사적으로 '강건성세'라 불리는 시기도 사실은 '굶주림의 성세'였다. 당시의 성세는 그저 권력자들만의 것이었기 때문이다. 통계에 따르면, 강건성세 당시 중국의 1인당 곡물 생산량은 진나라 이후 최저 수준으로 떨어졌고, 대부분 백성은 끼니를 제대로 잇지 못하는 상황이었다.

근대에 들어서는 중국에서 육류는 사치품이 되었다. 많은 사람이 기본적인 쌀과 밀가루도 구하기 어려웠으며, 잡곡과 채소가 주식이 되었다. 흉년이 들 때는 식물의 뿌리, 나무껍질, 풀까지 먹어야 했고, 굶어 죽는 사람들이 해마다 늘어났다.

주식이 너무 거칠고 맛이 없으니, 이를 어떻게든 삼키기 위해 강한 맛의 반찬이 필요했다. 그리하여 염장육, 절임 채소, 장아찌 등의 '짠맛 반찬'이 발전하게 되었다.

그렇다면 강한 맛은 어떻게 만들 수 있을까? 가장 쉬운 방법은 소금을 많이 넣는 것이었다. 하지만 중국의 많은 지역에서는 소금을 생산하지 않았고, 소금은 국가의 독점 품목이라 가격이 비쌌다. 이에 사람들은 신맛과 매운맛을 이용해 음식의 풍미를 강화하기 시작했다.

특히 매운맛은 강한 자극을 주면서도 일반 가정에서도 쉽게 소비할 수 있었다. 이러한 이유로 고추가 선호되었고, 강한 자극이 있는 고추 반찬은 특히 밥과 아주 잘 어울렸다.

무엇보다 고추는 기후와 토양을 크게 가리지 않기 때문에 농민들이 쉽게 재배할 수 있어 중국 전역으로 빠르게 확산되었다.

물론 이러한 자극적이고 강한 맛의 반찬은 주로 서민들이 선호했으며, 경제적으로 여유로운 계층이나 강남江南 지역의 부유한 사람들은 이를 '천한 음식'으로 여겨 선호하지 않았다. 그들은 대체로 담백한 음식을 선호했다. '달고, 향기롭고, 부드러운 맛'을 추구했고, 그에 따라 성격도 온화하고 부드러웠다. 이러한 이유로, 비록 고추가 처음 강남 지역을 통해 들어왔지만, 결국 이 지역에는 널리 퍼지지 못했다.

타이완 역시 두 가지 식문화가 공존한다. 일제 강점기 동안 담백한 음식 문화의 영향이 컸지만, 국공내전(1945년~1949년. 중국 대륙에서 벌어진 국민혁명군과 인민해방군 간의 전쟁)에서 국민당이 패배한 후 타이완섬으로 이주하면서 단맛 문화도 함께 유입되었다. 이 두 가지 요소가 서로 융합되며 오늘날 대만의 독특한 식문화가 형성되었다.

중국에서 매운맛을 선호하는 지역은 과거 대체로 경제적으로 낙후된 곳이었다. 고추는 사람들이 거친 잡곡과 들에서 나는 채소를 먹던 시절을 함께 지나왔고, 맛없는 음식을 '맛있게' 바꾸어 주었다.

현재는 매운맛이 거의 전 세계적으로 퍼져 있으며, 심지어 KFC나 맥도날드 같은 서양의 패스트푸드 브랜드조차도 매운맛 메뉴를 빼놓지 않는다.

현재 매운맛은 세계 각지에서 가장 강력한 미각 트렌드가 되었으며, 음식 산업에서도 가장 큰 시장을 형성하고 있다. 고추는 가격이 저렴하고, 강한 맛을 가지며, 중독성이 있고, 건강에 이롭다는 연구 결과도 많다. 고추는 인간의 미각을 길들인 가장 성공적인 경제적 식재료라 할 수 있다. 6,000년 전 브라질의 평원에서 자라던 작은 식물이 이제 세계를 정복한 것이다.

제6장

먹보 인류의 미래

"맛있는 것도 지나치면 병이 되고,
즐거운 일도 지나가면 재앙이 된다."
― 송宋나라 소옹邵雍 〈인자음仁者吟〉

비료와 독가스를 발명한 천사와 악마의 두 얼굴

　1900년부터 2000년까지의 100년 동안은 인류사에서 인구 증가가 가장 빠르게 이루어진 시기이다. 급격히 늘어난 인구를 부양하려면 더 많은 식량이 필요했는데, 이때 농산물의 생산량을 늘리는 데 핵심적인 역할을 한 것은 바로 비료였다.

　20세기 초, 농민들은 동물의 배설물을 비료로 사용할 수 있음을 발견했다. 이에 따라 전 세계적으로 '똥 찾기 운동'이 시작되었다. 얼마 지나지 않아 이 운동은 놀라운 성과를 거두었는데, 페루 해안에서 13마일(약 21km) 떨어진 친차Chincha 군도에서 엄청난 양의 새똥이 발견된 것이다.

이 섬은 수천 년 동안 무인도로 남아 있었고, 그곳에는 가넷, 가마우지, 펠리컨 같은 공격적인 바닷새들이 무리를 지어 서식하고 있었다. 그리고 그곳에는 가공할 만한 새똥 무더기가 쌓여 있었다. 해류가 바닷속의 플랑크톤을 해안으로 밀어 올려 새들에게 풍부한 먹이를 제공한 덕분에, 새들의 배설물이 수천 년 동안 쌓여 결국 섬 전체를 뒤덮게 된 것이다.

사람들이 이 섬을 발견했을 때, 새똥은 이미 약 20층 건물 높이인 50m까지 퇴적되어 있었다. 분석 결과, 친차 군도의 새똥에는 질소가 11~17%나 포함되어 있어 매우 우수한 비료로 평가되었다. 그러나 잘못 사용하면 식물의 뿌리를 태워버릴 수도 있을 만큼 강한 성분을 지니고 있었다.

비록 페루의 새똥이 질 좋은 비료였지만, 수천 년 동안 퇴적되며 암석처럼 단단해졌기 때문에 채굴이 어려웠다. 게다가 새똥을 채굴하는 과정에서 독성이 강한 악취가 발생해 작업자들이 중독으로 실신하거나 심한 경우 사망하기도 했다.

1830년대부터 친차 군도의 새똥이 유럽으로 운송되기 시작했다. 독일의 화학자 유스투스 폰 리비히Justus von Liebig는 새똥 샘플을 분석한 뒤, 농업과 생리학에 관한 혁신적인 논문 〈화학의 농업 및 생리학적 응용〉을 발표했다. 이 논문은 순식간에 여러 언어로 번역되어 전 세계로 퍼져 나갔다. 리비히는 논문에서 새똥 속의 질소 함량이 식물 성장에 매우 중요한 역할을 한다며, 값싸고 쉽게 구할 수 있는 동물의 배설물이 바로 이상적인 자연산 질소 비료라는 점을 강조했다.

리비히의 연구가 새똥의 가치를 과학적으로 입증하자, 경험 많은 유럽 농민들은 앞다투어 새똥을 구매하기 시작했다. 수요와 공급에 따라 가격이 결정되듯, 새똥의 가격은 찾는 사람이 많아지자 급등세를 보였다. 이후 40년 동안 페루는 약 1,400만 톤의 새똥을 수출하며, 약 1억 5천만 파운드(현재 가치 약 130억 달러)에 달하는 수익을 올렸다. 영국은 1845년 한 해에만 무려 2만 2천 톤의 새똥을 수입하기도 했다.

그러나 친차 군도의 환경은 극도로 열악했다. 곳곳에 전갈, 거미, 진드기, 흡혈 파리 등의 해충이 들끓었으며, 새똥에 의한 악취로 인해 중독되는 작업자가 속출했다. 또한 섬에는 식수가 없어 배를 통해 제한된 양의 물을 공급받아야 했다.

이런 상황에서 페루 정부는 새똥 채굴 사업을 국유화하고 강제로 새똥을 채굴하는 인력을 투입했다. 주로 죄수, 탈영병, 노예와 같은 사고뭉치들이었으나 이들은 새똥 채굴에는 관심이 없고, 패거리를 형성해 싸우기에 바빴다. 따라서 새똥 채굴은 거의 진행되지 않고 그저 온통 싸움만 일삼는 섬이 되어버렸다. 결국 페루 정부는 1849년 새똥 독점권을 대지주이자 노예상이었던 엘리아스^{Elias}에게 넘겼다.

엘리아스는 매우 잔인하고 악독한 인물로, 노동력을 확보하기 위해 비인도적인 방법을 동원했다. 그중에서도 가장 악랄한 방식은 타국의 노동자를 속여 강제 노역을 시키는 것이다. 그에게 속아 섬에 도착한 노동자들은 하루 20시간씩 강제 노동을 해야 했다. 매일 5t의 새똥을 채굴해야만 식사를 제공받았고, 주 7일 휴일 없이 일해야 했다. 만약 할당량을 채우지 못하면 구타당하거나 굶주림에 시달려야 했고, 이로 말미암아 매년 수백 명의 노동자가 절망 속에 생을 달리했다.

빵과 죽음을 동시에 안긴 화학자

새똥이 계속해서 부족해지자 가격은 천정부지로 치솟게 되었고, 유럽 농업은 극심한 위기에 빠졌다. 이를 해결하기 위해 유럽의 과학자들은 새똥을 대체할 수 있는 인공 비료 개발에 나섰다.

1909년 7월, 독일 화학자 프리츠 하버Fritz Haber는 질소와 수소를 고온·고압 상태에서 반응시켜 암모니아NH_3를 합성하는 데 성공했다. 이는 바로 '하버-보슈 공법'으로, 오늘날까지 사용되는 질소 비료 제조법이다.

이 기술 덕분에 질소 비료가 대량으로 생산될 수 있었고, 인류의 식량 문제는 가볍게 해결되었다. 결국 하버는 1918년 노벨 화학상을 받으며 '공기에서 빵을 만들어 낸 남자'라는 찬사를 받았다.

과학자들의 계산에 따르면, 인공 비료가 없었다면 지구의 식량 생산력은 40억 인구밖에 부양할 수 없었을 것이라고 한다. 그러나 하버는 인류를 구원한 동시에 죽음의 문을 열어젖힌 인물이기도 했다.

하버는 제1차 세계대전 중 독일의 승리를 위해 화학무기인 독가스를 개발했다. 독일군은 이 염소가스를 전장에 투입했고, 그로 인해 연합군의 사상자는 독일군의 두 배에 달했다. 이후 그는 포스겐, 머스터드 가스 같은 더욱 치명적인 화학무기를 개발하며 '화학전의 아버지'라는 악명을 얻었다.

그가 개발한 독가스로 인해 500만 명 이상이 피해를 보았고, 인류는 전례 없는 공포에 휩싸였다. 프리츠 하버는 끝내 인류에게 '빵을 준 천사'이자, 인류에게 '죽음을 안긴 악마'로 기억되고 있다.

전쟁에서 태어난 깡통 혁명

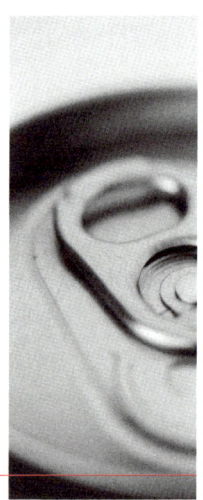

독일의 철학자 헤겔은 나폴레옹을 이렇게 평가했다.

"세상이 균형을 이루는 것은 신이 존재하기 때문이고, 유럽의 저울이 균형을 유지하는 것은 나폴레옹이 있기 때문이다. 나폴레옹은 신과 같은 존재다."

지금부터는 나폴레옹이 미식가들에게 선사한 두 가지 중요한 발명에 관해 이야기하고자 한다.

첫 번째는 앞에서 언급했듯이, 그의 주도로 사탕무 설탕을 추출하면서 설탕의 가격을 크게 낮춘 것이다. 이로 인해 설탕이 일반 서민 가정에서도 흔히 소비할 수 있는 식재료가 되었다. 두 번째는 더욱 전략적이면서도 중요한 발명품인 통조림이다.

18세기 말, 나폴레옹은 막강한 군대를 이끌고 유럽 대륙을 휩쓸었다. 그의 뛰어난 전투력은 그야말로 적수를 찾기 힘들 정도였고, 전세는 언제나 유리하게 흘렀다. 그러나 대규모 원정을 감행하는 과정에서 가장 큰 문제는 바로 '식량 공급'이었다.

나폴레옹은 전격전Blitzkrieg을 잘 활용했기 때문에 그의 군대는 언제 어디서든 '즉흥적인 원정'을 떠나야 했다. 이에 따라 수십만 대군의 기동성과 식사를 동시에 보장하는 일이 시급한 과제로 떠올랐다.

1800년, 나폴레옹은 한 가지 혁신적인 공모전을 열었다.

> "음식을 오랫동안 신선하게 보관하는 방법을 개발하는 사람에게 1만 2천 프랑의 상금을 지급하겠다."

당시 일반 노동자의 월평균 임금이 약 14.5프랑이었던 점을 고려하면, 이 상금은 일반 노동자가 70년 동안 벌어야 할 거액이었다. 당연히 이 소식은 사람들에게 엄청난 동기 부여가 되었고, 과학자와 상인들은 앞다투어 식품 보존 기술 개발 경쟁에 뛰어들었다.

이 공모전에서 결정적인 발견을 한 사람이 바로 프랑스 요리사 니콜라 아페르Nicolas Appert였다. 그는 요리하던 중 음식을 고온에서 끓인 후,

공기가 차단된 유리 용기에 넣어 보관하면 오랫동안 부패하지 않는다는 사실을 발견했다.

이를 바탕으로 여러 실험을 거듭한 끝에, 그는 쇠고기, 가금류 등의 식재료를 30~60분 동안 끓인 후, 입구를 코르크 마개와 밀랍으로 밀봉한 유리병에 보관하는 방식으로 세계 최초의 '유리병 통조림'을 발명했다. 그리고 1810년 나폴레옹이 내건 상금을 받게 되었다.

통조림의 발명은 나폴레옹 군대의 전쟁 수행을 강력히 지원했을 뿐만 아니라, 일반 시민들에게도 큰 기쁨을 주었다. 이제 음식의 장거리 운송이 가능해지면서, 전 세계의 미식가들이 어디서든 지구 반대편의 맛있는 음식을 맛볼 수 있는 시대가 열린 것이다. 하지만 유리병 통조림에는 몇 가지 치명적인 단점이 있었다. 깨지기 쉽고, 빛을 차단하지 못해 음식이 변질될 위험이 있다는 것이다.

이 문제를 해결한 사람이 바로 영국 상인 피터 듀런드Peter Durand였다.

1810년, 그는 유리병 대신 주석 도금한 철제 용기를 사용하는 방식을 개발했고, 특허까지 획득했다. 이것이 우리가 현재 사용하는 금속 캔 통조림의 시초이다.

철제 통조림은 유리병보다 여러 면에서 뛰어났다. 깨지지 않고, 빛을 차단해 음식의 부패를 방지해 보존 기간도 훨씬 길다. 하지만 초기 철제 캔은 수작업으로 제조해야 했기에 생산 속도가 매우 느렸다.

숙련된 노동자가 하루에 만들 수 있는 철제 캔은 겨우 40개 정도에 불과했다. 이 속도로는 세계적인 통조림 수요를 감당하기 어려웠다.

1822년, 이 철제 통조림은 유럽에서 미국으로 전파되었다. 그리고 1846년, 미국의 기계공 헨리 에번스Henry Evans는 대량 생산이 가능한 자동 캔 제작 기계를 개발했다. 이 기계 덕분에 한 명의 노동자가 하루에 500개 이상의 캔을 생산할 수 있게 되었다. 이는 수작업 생산 대비 10배의 생산성 향상을 가져왔다.

통조림이 가장 빛을 발한 순간은 제2차 세계대전이었다. 나폴레옹 시대와 마찬가지로, 악조건 속에서 병사들에게 안정적으로 식량을 공급해야 하는 문제가 발생했다. 이때 쉽게 운반할 수 있고, 공중 투하가 가능하며, 장기간 보관이 가능한 철제 통조림이 중요한 역할을 했다. 특히, 미국은 1941년부터 1945년까지 약 4억 달러를 투자하여 점심용 고기 통조림(런천미트 등)을 대량 생산했다.

그러나 당시 식품 산업 기술의 수준이 낮았던 탓에 통조림의 맛은 매우 형편없었고, 미군 병사들은 이를 '악마의 고기'라고 부르며 질색했다. 결국, 이 통조림은 미군 병사들에게 씻을 수 없는 트라우마를 남겼.

<u>흥미로운 점은 철제 캔 통조림이 1810년에 발명되었지만, 캔 따개는 무려 1958년에야 등장했다는 것이다. '영혼의 반려자'를 찾으려면 인내심이 필요하다는 말이 절로 떠오르는 대목이다.</u>

통조림은 단순한 발명을 넘어 식품 산업의 혁명을 일으킨 기적적인 발명품이다. 이 발명을 계기로, 인간은 식품을 대량 생산하고, 장기간 저장하며, 장거리로 운송하는 시스템을 구축할 수 있었다. 고온 멸균,

산업용 밀봉, 공기 차단 기술이 발전하면서 현대 식품 산업은 초석을 다지게 되었다.

오늘날 마트에서 쉽게 볼 수 있는 수많은 포장 식품은 모두 이 통조림 기술에서 출발한 산업화의 결과물이라 할 수 있다.

미식가의 욕망으로 탄생한 냉장 유통 기술

　나폴레옹의 현상금이 계기가 되어 통조림이 발명되었지만, 먹보 인류는 통조림만 먹고살 수는 없다는 사실을 너무도 잘 알고 있었다. 언제 어디서나 신선한 음식을 즐기기 위해서는 식재료를 제대로 보관할 줄 알아야 한다는 점을 깨달은 것이다.

　고대로부터 식품 보존은 인류에게 커다란 과제였다. 수천 년 동안 사람들은 염장, 발효, 훈제, 건조 등 다양한 방법을 시도했으며, 그 과정에서 한 가지 중요한 법칙을 발견했다. '공기를 차단하면 음식이 부패하는 것을 막을 수 있다'라는 것이다.

　이에 따라 수메르인들은 음식을 단지에 담고 그 위에 기름을 부어 공기를 차단하는 방식을 개발했다. 이 방법을 이용하면 냉장 보관이나 방부제를 사용할 필요 없이 몇 개월 동안 음식의 신선도를 유지할 수 있었다.

17세기에 들어서면서, 네덜란드의 과학자 안토니 판 레이우엔훅 Antonie van Leeuwenhoek이 현미경을 발명했다. 이를 통해 사람들은 육안으로 보이지 않는 미생물을 관찰할 수 있게 되었고, 음식이 부패하는 원인이 미생물과 관련이 있다는 사실을 깨닫게 되었다.

1799년, 이탈리아의 생물학자 라자로 스팔란차니 Lazzaro Spallanzani 역시 현미경을 통해 세균이 세포 분열을 하며 증식하는 과정을 직접 확인했다. 이 두 과학자의 공로로 인해 이후부터는 부패를 막기 위해 미생물을 어떻게 사멸시킬 것인가에 대한 고민이 시작됐다.

초기에는 미생물을 죽이기 위해 식품에 붕사를 첨가하는 방법이 사용되었다. 하지만 붕사는 독성이 강해 건강에 해를 끼쳤다.

결국, 보다 안전한 방법을 찾기 위한 연구가 지속되던 끝에 놀라운 사실을 발견하게 되었다. 바로 '온도가 낮아질수록 미생물의 활동이 둔화한다'라는 점이다. 충분히 낮은 온도에서는 미생물이 거의 활동하지 않으며, 심지어 저온에는 사멸하기도 한다. 이러한 원리를 활용한 저온 보관법이 점차 널리 사용되기 시작했다.

실험을 거듭한 결과, 식품을 장기간 보존하기 위해서는 섭씨 -5℃ 이하로 유지해야 한다는 사실이 밝혀졌다. 그러나 -5℃만으로는 충분하지 않았다. 음식에는 수분과 다양한 성분이 포함되어 있기 때문에 완전한 냉동 상태를 유지하려면 최소 -18℃ 이하의 온도를 유지해야 했다.

　1806년, 미국 보스턴의 무역상들은 북극에서 얼음을 운반해 판매하는 사업을 시작했다. 이들은 얼음을 사용해 식품을 신선하게 유지하는 방법을 고안해 냈고, 이를 통해 장거리 운송이 가능해졌다.
　1851년에는 천연 얼음을 이용한 냉장 화물열차가 최초로 시험 운행되었다. 뉴욕에서 출발한 열차는 대량의 버터를 보스턴까지 운송하는 데 성공했고, 얼음 덕분에 버터는 신선한 상태를 유지할 수 있었다. 이 일을 계기로 전례 없는 '냉장 물류의 시대'가 열리게 된 것이다.
　하지만 천연 얼음은 가격이 비쌌고, 소모품이었기 때문에 이러한 방식이 대중화되기에는 한계가 있었다.

　1822년, 영국의 물리학자 마이클 패러데이Michael Faraday는 이산화탄소, 암모니아, 염소 등의 기체가 압력을 받으면 액화되며, 다시 기체로 변할 때 주변의 열을 흡수하여 온도를 낮춘다는 사실을 발견했다. 패러데이가 직접 냉장고를 발명한 것은 아니지만, 그의 연구는 이후 인공 냉각 기술을 개발하는 데 중요한 기초가 되었다.
　1851년, 호주의 한 신문사 사장인 제임스 해리슨James Harrison은 최초의 인공 냉동 압축기를 발명했다. 발명은 우연히 진행되었다. 그는 인쇄용 활자를 세척하던 중, 에테르ether가 금속 표면에서 빠르게 증발하면서 강한 냉각 효과를 일으키는 것을 발견했다. 에테르는 끓는점이 낮은 액체로, 매우 쉽게 증발하며 주변의 열을 순간적으로 흡수하는 성질이 있어, 마치 알코올과 비슷했다.

이 발견을 바탕으로 해리슨은 에테르와 압축기를 이용한 냉동 기계를 개발했고, 이 냉동기는 호주의 한 맥주 양조장에 도입되어, 양조 시 냉각 장치로 사용되었다. 그리고 이것이 바로 현대 냉장고의 원형이라 할 수 있다.

1873년, 독일의 화학자 칼 폰 린데Carl von Linde는 프레온가스를 이용한 산업용 냉장고를 개발했고, 이후 이를 소형화하여 1879년 세계 최초의 가정용 냉장고를 만들었다.

1939년, 미국의 제너럴 일렉트릭GE사는 오늘날 우리가 사용하는 냉장고의 기본 형태인 냉장·냉동 겸용 '이중 온도' 냉장고를 출시했다. 이 제품은 식품 보관 방식을 획기적으로 변화시켰고, 이때부터 냉장고는 가정의 필수 가전제품으로 자리 잡았다.

이처럼 냉동 기술의 발전은 식품 산업을 완전히 뒤바꾸어 놓았다. 신선한 식품도 탈수(건조) 식품처럼 장기간 보관할 수 있게 되었으며, 장거리 운송도 가능해졌다. 이는 식품의 생산, 가공, 유통, 보관 방식의 산업화를 촉진하는 계기가 되었다.

특히 MZ 세대(1980년 이후 출생한 세대)가 소비 시장의 중심으로 떠오르면서, 냉동식품의 소비량이 급격히 증가하고 있다. MZ 세대는 대한민국 인구의 약 32.5%를 차지한다. 이는 약 1,629만 9천 명으로, 밀레니얼 세대(1980~1994년 출생자)가 약 1,033만 명(20.6%), Z 세대(1995~2010년대 초반 출생자)가 약 596만 9천 명(11.9%)이다. 이들은 고품질, 아름다운 외관, 편리함, 영양을 중시하는 소비 성향을 보인다. 이에 따라 즉석 냉동식품 및 가정 간편식HMR, Home Meal Replacement 시장이 빠르게 성장하고 있다.

우리가 오늘날 냉장고를 자유롭게 사용할 수 있는 것은 패러데이, 해리슨, 폰 린데, 그리고 GE의 연구와 노력이 있었기 때문이다. 냉동 기술은 단순히 음식을 보관하는 방법이 아니라, 우리의 삶과 식문화를 혁신적으로 변화시킨 위대한 발명이라고 할 수 있다.

음식의 시간과
공간의 제약을 깨다

식품 산업화의 물결이 시작된 이후, 사람들은 끊임없이 머리를 맞대어 음식을 포장하는 방법을 연구했다. 음식을 장기 보관할 수 있도록 만들고, 멀리 떨어진 전 세계로 운송할 수 있게 하는 것이 목표였다.

우백복吳百福은 일본 식민지 시기의 대만에서 태어난 사람이다. 어린 시절 부모를 잃고 자랐으며, 성인이 된 후에는 섬유 니트 공장을 운영했다. 그러나 곧 제2차 세계대전이 발발했고, 그의 공장은 공습으로 인해 파괴되었다.

1948년, 그는 일본 국적을 취득하고 '안도 모모후쿠安藤百福'로 개명했다. 38세가 된 그는 본격적으로 식품 사업에 뛰어들었다. 당시 일본은 전쟁이 끝난 직후였고, 히로시마와 나가사키는 미국의 원자폭탄 투하로 인해 초토화되었다. 일본이 항복한 후, 미국은 대량의 원조 물자를 제공했는데, 그중 가장 큰 비중을 차지한 것이 밀가루였다. 식량이 부족했던 일본인들은 거의 매 끼니를 빵으로 해결했지만, 이 빵의 맛은 만족스럽지 않았다.

미식 문화가 발달한 대만과 중국 푸젠성에서 성장한 안도 모모후쿠는 음식의 맛에 대한 기준이 훨씬 까다로웠다. 그는 서양식 빵보다 중국 전통 면 요리를 선호했으며, 미국에서 제공한 밀가루를 활용해 더 편리하고 맛있는 면 요리를 만들고자 했다. 그는 자신의 연구 목표를 다음과 같이 설정했다.

- **간단하고 편리할 것**
- **맛있을 것**
- **영양가 있고 위생적일 것**
- **상온에서 장기간 보관이 가능할 것**
- **저렴해서 누구나 부담 없이 구매할 수 있을 것**

튀김에서 영감을 얻어 탄생한 즉석 라면

그는 면 제조 기계를 구해 날마다 실험을 거듭했다. 처음에는 면을 만드는 것이 어렵지 않으리라 생각했지만, 실제로는 원료의 배합 비율이 매우 중요했고, 제조 공정에 따라 면의 식감이 완전히 달라졌다. 첫 시도는 면과 간장 육수를 혼합한 후 건조하는 방식이었다. 뜨거운 물에 넣기만 하면 맛있는 면이 완성될 것이라 예상했지만, 글루탐산나트륨과 소금이 반응하여 면의 식감이 엉망이 되는 문제가 발생했다. 뜨거운 물을 적게 부으면 면이 익지 않았고, 많이 부으면 면이 쉽게 뭉쳐졌다.

이후 4~5년 동안 그는 수천 번의 실험을 반복하며 밀가루로 만들 수 있는 거의 모든 형태의 면을 시도했지만, 만족스러운 결과를 얻지 못했다. 그러던 어느 날, 그의 아내가 저녁 식사로 튀김 요리 '덴푸라'를 준비했다. 덴푸라는 채소나 해산물에 밀가루 반죽을 입혀 빠르게 튀겨낸 후 식혀 먹는 일본의 대표적인 요리다.

그는 튀김 표면에 생긴 작은 구멍들을 보고 영감을 얻었다. 면을 먼저 튀겨 작은 구멍이 생기도록 하면, 뜨거운 물을 부었을 때 수분을 더 빠르게 흡수해 조리 시간을 줄일 수 있겠다고 생각한 것이다.

그의 예상은 적중했다. <u>면을 기름에 튀기면 수분이 빠져나가면서 장기 보관이 가능해졌다. 또한, 면 표면에 생긴 미세한 구멍 덕분에 뜨거운 물을 부으면 스펀지처럼 빠르게 수분을 흡수해 면이 부드러워졌다.</u> 여기에 적절한 조미료를 추가하면 누구나 손쉽게 맛있는 면 요리를 즐길 수 있었다.

안도 모모후쿠는 이 제조 방식을 '순간 열유 건조법 瞬間熱油乾燥法'이라 명명하고 특허를 출원했다. 그는 회고록에 이렇게 적었다.

> "내가 개발한 즉석 라면은 뜨거운 물만 있으면 바로 먹을 수 있는 즉석 면이다. 하지만 이 제품이 성공하려면 대량 생산이 가능해야 한다."

이렇게 탄생한 것이 우리가 익히 알고 있는 '즉석 라면'이다. 이 발명 덕분에 수많은 사람이 극한의 상황에서도 따뜻하고 맛있는 면 요리를 즐길 수 있게 되었다. 일본 식품업계는 이를 '라면과는 또 다른 새로운 맛을 지닌 편리한 제품'이라고 평가했다.

1958년 8월 25일, 안도 모모후쿠는 세계 최초의 즉석 라면인 '치킨 라면'을 출시했다. 저렴하고 맛있으며 간편하게 조리할 수 있는 즉석 라면은 일본 시장에서 큰 인기를 끌었다. 이후 해산물, 소고기 등 다양한 맛의 제품이 개발되었고, 조미료와 제조 방식이 지속적으로 개선되면서 소비자들의 다양한 입맛을 충족시켰다.

1961년부터 일본 즉석 라면 시장은 황금기를 맞이했다. 관련 통계에 따르면, 1961년에는 즉석 라면 기업이 70여 개였으나, 1963년 말에는 100개를 넘었고, 1964년에서 1965년 사이에는 360개까지 급증했다.

1971년, 안도 모모후쿠는 컵라면을 발명해 다시 한번 전 세계를 놀라게 했다. 컵라면은 미국을 비롯한 서구 국가에서 큰 인기를 끌며 세계적으로 폭발적인 반향을 일으켰다. 미국인들은 컵라면을 '20세기 가장 위대한 발명품 중 하나'라고 칭송했다. <u>안도 모모후쿠가 내놓은 컵라면은 면, 조미료, 식기가 모두 포함되어 있어 어디서든 간편하게 먹을 수 있는 혁신적인 제품이었다.</u> 이후 전 세계의 즉석 라면 제조업체들이 이를 모방하기 시작했다.

    2022년 세계 즉석 라면 판매량은 1,400억 개를 돌파했다. 이는 전 세계 인구가 1인당 연평균 18개의 즉석 라면을 먹는다는 뜻이다. 한국인의 1인당 연간 라면 소비량은 약 77개로, 세계 2위에 해당한다. 1인당 소비량이 가장 많은 나라는 베트남으로, 연간 약 85개의 라면을 소비한다.

암초에 휩쓸린 밀가루가 만든 반전 매력

    안도 모모후쿠의 즉석 라면 개발 과정은 수많은 난관을 극복한 결과였다. 하지만 밀가루와 물로 만들어진 또 다른 식품이 우연한 계기로 탄생해 즉석 라면보다 더 많은 판매량을 기록하고 있다. 식품 산업화를 대표하는 제품으로 자리 잡은 이것은 '비스킷'이다.

    19세기 1850년대, 한 영국 범선이 프랑스 서부의 '선원들의 무덤'이라고 불리는 비스케이만Bay of Biscay에서 강풍과 거친 파도에 휩쓸려 암초에 부딪히며 침몰했다. 일부 생존자들은 가까운 섬으로 헤엄쳐 목숨을 구할 수 있었지만, 문제는 식량이었다. 결국 침몰한 배에서 밀가루, 설탕, 버터를 회수해 이를 섞어 얇은 반죽을 만든 후, 섬의 바위에 올려 햇볕에 말렸다. 그렇게 만들어진 얇은 과자는 바삭하고 맛이 뛰어났다.

    이들은 영국으로 돌아간 후 동일한 방식으로 과자를 만들었고, 사고가 발생했던 '비스케이만'의 이름을 따 '비스킷biscuit'이라 이름 지었다.

통조림, 즉석 라면, 비스킷은 식품 산업화의 기반을 다진 제품이자 가장 성공한 사례들이다. 이후 식품 산업은 더욱 발전하여 신선하고 건강하며 풍부한 맛을 지닌 새로운 가공식품들을 계속해서 개발하게 되었다. 식품 가공업자들은 기존의 가공 방식에서 벗어나 혁신을 거듭하며, 기계화 생산을 도입해 대량 생산 체제를 구축했다. 19세기에는 증기 기관이, 20세기에는 전기가 도입되면서 식품 가공 산업이 빠르게 발전했다.

현대의 식품 산업화는 더욱 정교해졌으며, 생산된 음식은 일정한 모양, 질감, 맛을 유지할 수 있게 되었다.

자연 섭리에 대한
인간의 불복종

세계 인구가 지속적으로 증가하면서 식량 수요 역시 급격히 늘어나고 있다.

2000년, 세계 식품 산업이 점차 완성 단계에 접어들었고, 마침내 60억 번째 아기의 탄생을 맞이했다. 하지만 인구 증가 속도를 고려했을 때, 현재의 식품 산업 발전 속도로는 식량 문제를 해결하기에 부족했다. 농업 생산 역시 보다 발전된 기술의 도입이 절실했다.

도시화가 가속화되면서 농경지에서 일하는 인구는 감소하는 반면, 도시에 거주하는 인구는 빠르게 증가했다. 하지만 빌딩 숲에서는 밀을 재배할 수 없으며, 오직 대규모 경작과 대량 생산·유통이 가능한 농업

산업화 모델을 구축해야만 도시의 식량 문제를 해결할 수 있었다.

가장 먼저 해결된 것은 '닭고기 문제'였다. <u>농장주들은 더 많은 육계를 생산하기 위해 산업형 사육 모델을 도입하기 시작했다.</u> 이에 따라 <u>탄생한 것</u>이 '케이지 사육 기술'이다. 이를 통해 인간은 본격적으로 집약적인 대규모 '닭고기 산업화 시대'를 열었다.

1949년, 과학자들은 '성장 촉진 비타민'을 개발하여 닭의 성장 속도를 몇 배나 빠르게 만들었다. 이듬해에는 항생제가 첨가된 사료가 발명되면서 닭에게 발생하는 전염병 문제가 해결되었고, 덕분에 육계 농장은 4만 개 이상으로 급증했다. 이처럼 산업형 사육 기술은 닭고기 공급 문제를 완전히 해결하는 계기가 되었다.

반면, 곡물 농장주들은 여전히 깊은 고민에 빠져 있었다. 그들의 목표는 단 하나, '생산량을 늘리고 또 늘리고, 또다시 늘리는 것'이다. 이로써 더 많은 곡물을 생산하기 위해 품종 개량 및 육종 연구가 세계적인 과학적 과제로 떠올랐다. 각국의 농업 과학자들은 우수한 품종을 개발하기 위해 교잡 기술을 활용하여 새로운 종자를 끊임없이 개량했다.

과학자들은 일본의 왜성 밀, 중국 대만과 인도네시아의 다양한 밀 품종을 연구하며, 일조량에 상관없이 130일 안에 성장하고 수확할 수 있는 밀을 개발하려 했다.

가장 빠른 성과를 낸 것은 멕시코였다. 그들은 수만 종의 교잡 밀을 성공적으로 육성했고, 오늘날 세계 각국에서 재배되는 밀 품종의 대부분은 멕시코에서 개발된 것이다.

이러한 종자 개량 기술과 화학 비료, 살충제, 제초제의 도입으로, 미국의 밀 생산량은 25년 동안 두 배 이상 증가했다.

아시아에서는 밀보다 쌀이 훨씬 중요한 곡물이었다. 우리나라의 2024년 기준 쌀 생산량은 358만 5천t이며, 1인당 연간 쌀 소비량은 55.8kg이다.

최근 한국농촌경제연구원의 보고서에 따르면, 2023년 기준 대한민국 국민 1인당 4대 육류(쇠고기, 돼지고기, 닭고기, 오리고기) 소비량은 62.9kg이다. 이러한 증가 추세는 앞으로도 지속되어 2033년에는 65.4kg에 이를 것으로 전망된다.

특히, 돼지고기는 1인당 연간 소비량이 30.1kg으로 가장 많이 소비되었으며, 닭고기(15.7kg), 쇠고기(14.8kg)가 그 뒤를 이었다. 이러한 육류 소비량의 증가는 쌀 소비량의 감소와 대조적이다. 같은 해 1인당 쌀 소비량은 2024년 기준 55.8kg으로, 육류 소비량보다 낮은 수치를 기록하였다. 이러한 변화는 식습관의 서구화, 소득 수준의 향상, 식생활 패턴의 변화 등 다양한 요인에 기인한 것으로 분석된다.

1970년, UN 식량농업기구FAO는 기존의 비관적인 전망과 달리, 지구의 농업 생산력이 이론적으로 1,570억 명을 먹여 살릴 수 있다고 발표했다. 하지만 인류는 단순한 품종 개량 기술만으로 만족하지 않고, 더 급진적인 방법을 찾기 시작했다.

1983년, 생물학자들은 특정 작물의 우수한 DNA를 추출하여 다른 식물에 이식하는 실험을 시도했다. 이를 통해 작물은 더 커지고, 더 달콤해지고, 가뭄에 강하고, 해충에 대한 저항력이 향상하는 등의 새로운 특성을 가지게 되었다.

하지만 과학자들은 여기서 멈추지 않았다. 그들은 식물뿐만 아니라 동물, 바이러스, 박테리아, 곤충 등의 DNA까지 식물에 이식하며, 자연 상태에서는 절대 불가능한 '초월적 개량'을 이루었다.

이러한 유전자 조작 기술은 농업사에서 가장 혁명적인 변화를 몰고 왔지만, 동시에 거대한 논란을 불러일으켰다. 찬성파는 유전자 변형 작물 GMO은 생산성이 높고, 맛이 좋으며, 인류의 식량 문제를 해결할 수 있다는 견해고, 반대파는 자연을 거스른 결과가 인류의 유전자 자체를 변화시키고, 예측할 수 없는 재앙을 초래할 수 있다는 견해다.

과연, 인류가 선택한 이 길은 옳았을까? 100년 후, 우리가 내린 결정이 축복이었는지, 재앙이었는지 알 수 있을까? 이에 대한 정답을 아는 사람은 아직 아무도 없다.

음식의 복수, 식량이 인류에게 가져온 건강 재앙

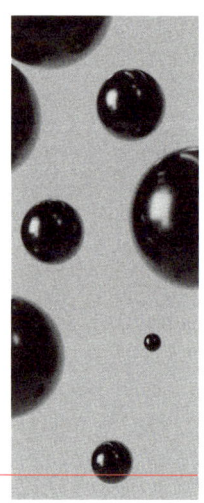

　인류의 발전 속도는 점점 빨라지고 있으며, 그 과정에서 극단적인 행동을 하는 경우가 많아지고 있다. 식량 생산량을 증가시키기 위해 사람들은 대량으로 살충제와 제초제를 사용하기 시작했다. 그 결과, DDT, 헥사클로로사이클로헥산, 패러콧과 같은 극독성 농약이 발명되었다. 이러한 농약은 치사율이 높고, 독성이 강하며, 잔류 기간이 길다.

　세계보건기구WHO에 따르면, 전 세계에서 매년 최소 50만 건의 농약 중독 사고가 발생하며, 이로 말미암아 11만 5천 명이 사망한다. 또한, 85% 이상의 암과 80여 가지 질병이 농약 잔류물과 관련이 있다고 보고되고 있다.

2019년 5월, 미국 샌프란시스코 고등법원의 배심원단은 몬산토 Monsanto사의 글리포세이트Glyphosate 제초제가 사용자에게 암을 유발했다는 판결을 내렸다. 이는 몬산토사가 오랫동안 비판받아 온 주요 이유 중 하나이며, 식량 속 농약 잔류물이 암 환자의 급증을 초래했다는 지적이 끊이지 않고 있다.

　인류는 생물을 개량하고 해충을 제거하면서 기존의 문제를 해결했지만, 그 과정에서 더 많은 새로운 문제가 발생했다. 기아 문제는 해결했지만, 동시에 인간의 전반적인 건강을 악화시키는 결과를 낳았다. 이것이 과연 식량 문제를 해결한 것인가, 아니면 더 큰 위기를 만들어 스스로를 해치는 길로 접어든 것인가?
　급속한 발전을 거듭하던 인류는 마침내 문제를 인식하기 시작했고, 속도를 늦추기 시작했다. 사람들은 '녹색 식품'에 관심을 두었고, 많은 식품이 '비유전자 변형Non-GMO'이라는 라벨을 붙이기 시작했다. 과학 기술이 비약적으로 발전하는 동안, 먹거리에 대한 소비자들의 태도는 오히려 신중해졌다.

　한때, 인류는 수천 년 동안 설탕을 발견하고 제조하는 과정에서 수많은 피와 눈물을 흘렸다. 설탕은 삼각무역 시대를 거치며 귀중한 자원으로 취급되었지만, 결국 사람들은 설탕이 인류의 가장 큰 건강 위협 요소 중 하나라는 사실을 깨달았다. 과도한 설탕 섭취는 고혈당을 유발하고 당뇨병의 원인이 된다. 이로써 전체 질병의 60%가 설탕과 관련이 있는 것으로 밝혀졌다.

설탕은 또한 녹내장, 백내장, 시신경 위축, 황반변성, 망막 박리, 안저 출혈, 안구 혈관종 등 각종 심각한 안과 질환을 유발할 수 있다. 이에 따라, '당 조절'이 중요한 건강 이슈로 떠올랐고, '무설탕'이라는 개념이 건강식품 마케팅의 주요 키워드가 되었다.

결국, 인류가 수천 년 동안 열렬히 추구했던 설탕이 이제는 그 어두운 이면을 드러낸 것이다.

과도한 육류 섭취는 지방으로 전환되어 혈액을 산성화하고, 내장을 손상하며, 노화성 만성 질환을 유발한다. 또한, 동물성 지방과 콜레스테롤을 다량 섭취하게 되어 관상동맥 경화, 고혈압, 심장병, 뇌졸중 등의 질병을 촉진한다.

이로 인해 채소, 통곡물, 과일을 중심으로 한 '가벼운 식사'가 인기를 끌고 있으며, 건강을 위해 사람들은 육류 섭취를 줄이고 있다. <u>이제는 미식의 유혹보다 생존 본능과 건강 유지가 더 중요한 요소로 자리 잡고 있다.</u>

2022년, 노르웨이 베르겐대학 연구진은 식단이 기대수명에 미치는 영향을 분석하는 연구 모델을 개발했다. 연구에 따르면, 과일, 채소, 통곡물, 정제 곡물, 견과류, 콩류, 생선, 달걀, 우유, 적색육, 가공육, 가당 음료 등의 섭취량 변화에 따라 인간의 수명이 달라질 수 있다.

특히 콩류, 통곡물, 견과류를 많이 섭취하고, 육류를 줄이는 것이 건강과 장수에 유리하다고 분석되었다. 연구진이 제시한 최적의 장수 식단은 다음과 같다.

많이 먹어야 하는 것은 완두콩, 렌틸콩 등 콩류와 귀리, 보리, 현미 등 통곡물, 그리고 다양한 견과류이다. 그리고 최대한 줄여야 하는 것은 바로 육류이다.

연구 결과에 따르면, 20세부터 이 식단을 따르면 최대 10년 이상의 수명 연장 효과를 볼 수 있으며, 60세 이후라도 식습관을 개선하면 최대 8년의 수명 연장이 가능하다.

결국, 인류는 또다시 원점으로 돌아왔다. 과학 기술의 발전으로 더 많은 식량을 확보하고 더 풍요로운 삶을 추구했지만, 그 결과 건강에 심각한 위협을 초래했다. 이제 사람들은 다시 자연으로 돌아가려 하고 있다.

우리 인류는 과연 과거의 실수를 되풀이하지 않을 수 있을까? 아니면, 또다시 같은 길을 걸으며 새로운 문제를 만들어 낼 것인가? 그 답은 인류의 선택에 달려 있다.

에필로그

미래의 먹거리를
예측하라

모든 것이 숨 가쁘게 변화하고 있다. 이에 따라 우리는 전례 없는 먹거리의 변화를 경험하고 있으며, 식품의 산업화는 이 변화에 더욱 박차를 가하고 있다. 수십억 개의 식품이 공장에서 대량 생산되어 증가하는 인구의 식탐을 자극한다.

예측에 따르면, 2200년 세계 인구는 200억 명에 이를 것이며, 이렇게 방대한 인구를 먹여 살리기 위해 인류의 식문화는 혁신적인 변화를 맞이하게 될 것이다.

그렇다면, 미래의 음식은 과연 어떤 방향으로 발전할까? 지금부터 100년 후, 미래의 미식가들은 어떤 음식을 접하게 될지 함께 예측해 보자. 참고로 이는 모두 가상의 설정이니 침 튀기며 반론을 펼칠 필요는 없다.

예측 1 : 합성육의 대중화

　전통적인 가축 사육과 농업은 점차 쇠퇴하고, 고기는 모두 식물 단백에 동물질을 더하여 만든 합성육으로 대체될 것이다. 현재 육류 생산으로 엄청난 양의 곡물이 소모되며, 많은 양의 이산화탄소가 배출된다. 축산업은 전 세계 온실가스 배출량의 20%를 차지하며, 석탄과 같은 화석연료 연소에 이어 두 번째로 큰 온실가스 배출원이다. 특히, 소고기와 돼지고기의 생산으로 인한 탄소 배출량은 상당히 높은데, 1kg의 소고기를 생산하는 데 약 300kg의 이산화탄소가, 1kg의 돼지고기 생산에는 100kg의 이산화탄소가 배출된다.

　이에 따라, 미래에는 '식물성 합성육'이 먼저 대중화될 것이다. 식물성 합성육은 주로 식물성 원료를 기반으로 한 인공 고기로, 이미 2012년 미국의 '비욘드 미트 Beyond Meat'사가 최초로 '식물성 치킨 스트립'을 출시한 바 있다. 이 제품은 완두 단백질, 물, 현미, 코코넛 오일, 비트 주스, 감자 등의 원료로 만들어졌으며, 실제 고기의 아미노산, 지방, 탄수화물, 미네랄 성분을 포함해 맛과 영양이 거의 실제 육류와 동일하다.

　이와 함께, '세포 배양육'도 보편화될 것이다. 이는 또 다른 방식의 인공육으로, 기존의 대체육인 합성육이 콩 단백질 또는 밀가루 글루텐 등의 식물성 재료로 만들어졌다면, '세포 배양육'은 동물의 줄기세포를 채취해 실험실에서 배양한 후 중식시켜 만든 육류이다. 예를 들어, 돼지 귀를 좋아한다면, 과학자는 돼지 귀의 세포를 추출하여 실험실에서 대량으로 배양할 수 있다. 즉, 돼지를 키울 필요 없이 원하는 부위만 생산할 수 있는 것이다. 이 방법은 보다 효율적이고 위생적이며, 친환경적이면서 정밀한 방식으로 여겨진다. 물론 초기 비용이 높다는 단점이 있지만, 기존의 대체육과 비교해 모사율이 높다는 장점이 있다.

이와 마찬가지로, 미래에는 우유와 유제품도 낙농업 없이 생산될 것이다. 과류나 곡물을 원료로 만들어진 '식물성 합성 우유'가 기존의 우유를 대체할 것이다. 이러한 제품은 동물 단백질이 포함되지 않아 비건Vegan이나 채식주의자, 동물 단백질에 알레르기가 있는 사람에게 적합하다. 또한 유당 불내증이 있는 사람이나 당뇨병 환자, 체중 조절을 원하는 이에게도 좋은 선택지이고, 미량의 영양소를 자유롭게 추가할 수 있어 더 건강하고 과학적인 식품이 될 것이다.

예측 2 : 원료 중심의 새로운 농·축산업 등장

미래에는 과학 기술의 발전으로 모든 식품의 구성 요소가 완전히 밝혀질 것이며, 인간에게 필요한 필수 영양소 목록도 정확하게 규명될 것이다. 이에 따라, 사람들이 필요로 하는 고기, 달걀, 우유, 기름 등의 식품은 모두 공장에서 합성될 가능성이 크다. 하지만 합성 식품을 만들기 위해서는 다양한 기초 원료가 필요하므로, 이러한 원료를 생산하는 농·축산업이 새로운 유망 산업으로 떠오를 것이다.

즉, 미래의 농업과 축산업은 인간이 직접 소비할 식품을 생산하는 것이 아니라, 합성 식품을 만들기 위한 원재료를 공급하는 역할을 하게 될 것이다.

또한, 남극 크릴새우와 같은 플랑크톤도 재조명될 가능성이 크다. 남극 크릴새우는 단백질 함량이 약 20%로, 비타민 A를 비롯한 다양한 영양소를 미량 함유하고 있다. 무엇보다도 번식력이 뛰어나고 풍부한 자원으로 활용할 수 있어, 미래의 양식업에서 중요한 부분을 차지할 것이다. 실제로, 지구상에서 가장 거대한 생명체인 대왕고래가 생존할 수 있는 이유 중 하나는 고래의 먹이인 크릴새우의 개체 수가 엄청나기 때문이다.

미래의 식생활은 지금과는 완전히 다른 모습이 될 것으로 보인다. 우리가 익숙하게 여겼던 농·축산업의 개념이 바뀌고, 식품의 생산 방식 또한 혁신적으로 변화할 것이다. 이러한 변화의 물결 속에서 우리는 보다 효율적이고 지속 가능한 방법으로 식량을 확보해야 한다. 미래의 '먹는 즐거움'이 어떤 모습이 될지 기대되지 않는가?

예측 3 : 식품의 사료화

전통적인 축산업이 퇴보함에 따라 합성육은 적당한 식감과 부드러움을 갖추게 되며, 뼈나 힘줄 같은 씹기 어려운 부분은 사라질 것이다. 이러한 변화로 인해 인간의 저작 능력은 점차 약해지고, 소화 기관 역시 부드럽고 유동적인 음식에 적응할 가능성이 높다.

이 시점에서 음식 소비층의 분화가 뚜렷해질 것이다. 경제적 여건이 평균적인 사람들은 소화가 쉬운 죽 또는 페이스트 형태의 합성 식품을 선호하게 될 것이다. 이러한 식품은 가격이 저렴하고, 어디서든 쉽게 구할 수 있으며, 필수 영양소를 고르게 공급받을 수 있다.

반면, 경제적 상황이 좋아 구매력이 높은 소비자는 단순한 영양 보충을 넘어, 미적 요소까지 고려한 식품을 원할 것이다. 이들은 돼지고기, 새우, 생선 등의 형태를 본뜬 합성육을 선호할 가능성이 크다.

이러한 수요를 충족시키기 위해 '3D 프린팅 식품' 기술이 식품 가공 산업의 주류가 될지도 모른다. 영양이 풍부한 반죽 형태의 식재료가 3D 프린터를 통해 다양한 모양으로 출력된다. 물론 이 과정에서 비용이 증가하겠지만, 시각적인 만족도는 높아진다. 한편, 최상위 경제 여건을 가진 이들은 더 높은 가격을 지불하더라도 '세포 배양육'을 선택할 가능성이 크다. 합성육이 아닌 '진짜 고기'라는 강력한 이점이 있기 때문이다.

예측 4 : 합성 조미료의 시대

과거 인류는 향신료를 찾아 동방으로 항해했고, 이러한 갈망은 인간의 본능처럼 자리 잡았다. 하지만 미래에는 향신료가 완전히 새로운 형태로 변화할 것이다.

미래의 향신료는 더 이상 후추, 고추, 팔각, 회향, 계피, 월계수 잎, 산초 같은 식물의 열매나 껍질에서 추출하지 않을지도 모른다. 대신, 각

각의 향신료는 특정한 화학 분자식으로 정의될 것이다. 과학자들이 모든 향신료의 화학적 성분을 분석하고, 이를 실험실에서 합성할 수 있을 테니 말이다.

예를 들어, 고추의 매운맛은 캡사이신이라는 성분에서 비롯되는데, 이 화학식은 이미 '$C_{18}H_{27}NO_3$'로 밝혀졌다. 마찬가지로 미래에는 다양한 향신료의 화학 구조가 밝혀지고, 이를 바탕으로 실험실에서 합성된 향신료 제품이 생산될 것이다.

이러한 변화로 인해, 사람들은 기존의 향신료에 의존하는 것이 아니라 원하는 향과 맛을 자유롭게 조합할 수 있는 시대를 맞이할 것이다. 이에 따라 '향신료 전문가Spice Sommelier'라는 새로운 직업이 등장할 가능성이 있다. 이들은 합성된 향신료를 조합해 새로운 향신료를 창조하고, 마치 칵테일을 만들어 내듯 다양한 맛을 설계할 것이다.

이러한 전망을 보면, 미래의 음식 문화가 다소 암울하게 느껴질 수도 있다. 모든 것이 인공적으로 조작되고, 전통적인 식문화가 사라지듯 보이기 때문이다. 하지만 결코 비관할 필요는 없다. 위에서 언급한 변화는 단지 하나의 선택지일 뿐이며, 모든 인류가 반드시 이러한 방식으로 식생활을 영위해야 하는 것은 아니다.

진정한 미식가는 결코 이런 변화에 순응하지 않고, 기계와 기술의 지배 아래 놓이는 것에 강력히 저항할 것이다. 오히려 이러한 변화가 그들에게 강력한 동기를 부여해 새로운 방식으로 전통적인 미식 문화를 지키고 발전시키려는 움직임을 끌어낼지도 모른다.

이들은 사료처럼 만들어진 합성 식품과 인공육을 거부하며, 전통적인 농업과 축산업을 고수할 것이다. 직접 작물을 재배하고, 자연 그대로의 방식으로 가축을 기르며, 본연의 식재료를 되살리는 데 힘쓸 것이다.

예측 5 : AI '점메추(점심 메뉴 추천)' 시대의 도래

미래에는 미식가조차도 '오늘 뭐 먹지?'에 대한 고민을 할 필요가 없게 된다. AI와 빅데이터의 발전이 이 문제를 완벽하게 해결할 것이기 때문이다. 웨어러블 모니터링 장치는 실시간으로 신체 데이터를 분석해, 매 끼니 최적의 영양 배합을 제공하게 된다.

그러니 앞으로는 단순히 다양한 식재료를 사들이기만 하면 된다. AI 장비가 개인의 건강 상태에 맞춰 재료를 조합해 영양이 풍부한 식품을 자동으로 조리해 줄 것이며, 여기에 합성 향신료를 첨가해 맛과 영양이 균형 잡힌 식사를 완성할 것이다. 또한, 원하는 경우 3D 식품 프린터를 활용해 자신이 선호하는 모양의 음식을 출력해 먹을 수도 있다.

하지만 미식가는 이에 만족하지 않는다. 그들은 'AI 주방'을 갖추고, 전 세계의 요리법을 다운로드해 자유롭게 활용할 것이다. AI 주방은 언제든 사용자의 명령에 따라 미슐랭급 요리를 즉석에서 만들어 낸다. 이제는 맛집을 찾아다니며 줄을 서거나, 위생 문제를 걱정할 필요가 없다. AI 주방이 한 번의 클릭으로 유명 맛집과 비슷한 형태로 영양, 맛, 건강까지 모두 고려한 완벽한 요리를 만들어 줄 것이기 때문이다.

예측 6 : 맞춤형 유전자 조작 식품

미래에는 유전자 공학이 비약적으로 발전하면서, 오랜 기간 축적된 빅데이터를 통해 인간의 기호와 선호가 철저히 분석될 것이다. 이를 바탕으로 특정 음식의 맛을 개선하거나, 불쾌한 요소를 제거하는 유전자 편집이 가능해진다.

즉, 미래의 음식은 단순히 자연에서 얻어지는 것이 아니라, 대중의 입맛을 고려해 과학적으로 조정된 결과물일 가능성이 크다. 예를 들어, 쓴맛이 강한 '여주'는 해독 기능을 유지하면서도, 유전자 조작을 통해 쓴맛을 제거하고 부드러운 식감을 더할 수 있다. 이렇게 되면, 영양학적 장점은 유지하면서도 보다 많은 사람이 즐길 수 있는 식품이 탄생하게 된다.

그뿐만 아니라, 사람들은 자신이 원하는 식재료를 직접 맞춤 제작할 수도 있다. 예를 들어, 한 농장의 고추밭을 특정 지역의 사람들이 예약하면, 농장주는 그들의 입맛에 맞춰 더욱 매운 고추를 재배할 수도 있다. 이처럼 유전자 조작을 활용한 맞춤형 식재료 생산이 대중화될 것이다.

예측 7 : 치료 기능을 갖춘 음식

미래에는 질병에 걸리는 것이 지금처럼 두려운 일이 아닐 수도 있다. 과학 기술이 발전함에 따라, 기존의 약물을 대체할 수 있는 치료 기능을 가진 식품이 등장할 것이기 때문이다.

'약선 요리'라는 개념이 더욱 발전해, 단순한 건강 보조 식품이 아닌 실제로 질병을 치료할 음식이 등장할 것이다. 기존의 화학 합성 의약품은 즉각적인 효과를 보이지만, 부작용이 크다는 단점이 있다. 반면 음식 속에 치료 성분을 자연스럽게 포함해 부작용을 줄이고 효과를 극대화할 수 있다. 이러한 변화로 인해, 미래에는 병원에서 처방전을 받는 대신, 개인 맞춤형 식단을 추천받게 된다. AI 의사가 환자의 건강 상태를 분석하고, 이에 맞는 맞춤형 치료식을 제공해 줄 것이다. 또한, 유전자 공학 기술이 발전함에 따라, 치료식의 효과는 단순한 건강 보조 수준을 넘어 실질적인 치료 기능을 갖게 될 것이다.

예측 8 : 농약 잔류 문제의 완벽한 해결

암의 발생 원인이 농약 잔류와 관련이 있는 것으로 밝혀지며 21세기에는 농약 잔류 문제가 심각한 사회적 문제로 대두되고 있다. 그러나 미래에는 이러한 문제가 완벽히 해결될 전망이다.

우선, 미래의 농약 기술은 기존과는 전혀 다른 방식으로 발전할 것이다. 인체에는 해가 없으면서도 해충에게만 작용하는 특수 농약이 개발될 것이기 때문이다.

또한 유전자 공학 기술이 농업에 적용되면서, 작물 자체에 해충을 막을 유전자가 삽입될 것이다. 이를 통해 식물은 자연적으로 해충이 싫어하는 성분을 분비하게 되고, 별도의 농약을 사용할 필요가 없어진다.

이러한 변화는 인류의 식생활 및 삶을 전반적으로 한 단계 높은 수준으로 끌어올릴 것이다.

<u>먹보 인류는 세상을 변화시켰고, 세상은 다시 먹보 인류의 운명을 재창조하고 있다.</u>

미래는 AI와 첨단 과학이 주도하는 시대가 될 것이며, 이는 인간의 식문화에도 깊은 영향을 미치게 된다.

생존과 발전은 언제나 인류의 가장 중요한 과제였다. 하지만 어떤 변화가 닥치든, 인간은 언제나 더 나은 삶을 추구할 것이다. 그리고 그 과정에서, 맛과 건강을 동시에 추구하는 미식가는 더욱 혁신적인 방식으로 음식의 가치를 탐구하고 발전시켜 나갈 것이다.

세계를 점령한 중독 경제학

펴낸날 2025년 9월 5일 1판 1쇄

지은이 쑤친
옮긴이 김가경
펴낸이 金永先
편집 정아영
디자인 검정글씨 민희라

펴낸곳 이든서재
주소 경기도 고양시 덕양구 청초로 10 GL 메트로시티한강 A동 20층 A1-2002호
전화 (02) 323-7234
팩스 (02) 323-0253
출판등록번호 제 2-2767호

ISBN 979-11-94812-06-7(03320)

이든서재와 함께 새로운 문화를 선도할 참신한 원고를 기다립니다.
이메일 dhhard@naver.com (원고 투고)

- 이 책은 저작권자와의 계약에 따라 발행한 것이므로 본사의 허락 없이는 어떠한 형태나 수단으로도 이 책의 내용을 사용하지 못합니다.
- 파본은 구입하신 서점에서 교환해 드립니다.